Andrés Cuéllar García

Informática cuántica

Andrés Cuéllar García

Informática cuántica

Un acercamiento a sus métodos, desarrollos y aplicaciones en el campo de la Ingeniería

Editorial Académica Española

Imprint

Any brand names and product names mentioned in this book are subject to trademark, brand or patent protection and are trademarks or registered trademarks of their respective holders. The use of brand names, product names, common names, trade names, product descriptions etc. even without a particular marking in this work is in no way to be construed to mean that such names may be regarded as unrestricted in respect of trademark and brand protection legislation and could thus be used by anyone.

Cover image: www.ingimage.com

Publisher:
Editorial Académica Española
is a trademark of
International Book Market Service Ltd., member of OmniScriptum Publishing Group
17 Meldrum Street, Beau Bassin 71504, Mauritius
Printed at: see last page
ISBN: 978-620-2-80961-0

INFORMÁTICA CUÁNTICA: UN ACERCAMIENTO A SUS MÉTODOS, DESARROLLOS Y APLICACIONES

Andrés Cuellar García, PhD (C)

INFORMÁTICA CUÁNTICA: UN ACERCAMIENTO A SUS MÉTODOS, DESARROLLOS Y APLICACIONES

Andrés Cuellar García, PhD (C) en Educacion Énfasis en Ciencias
Universidad del Valle, Colombia
Magister en Ingenieria Informatica – USC
Licenciado en Matemticas y Fisica – Universidad del Valle
andres.cuellar.garcia@correounivalle.edu.co

Última Actualización – Septiembre 09 de 2020

AGRADECIMIENTOS

A mi Hijo Isaac Cuellar Cortes, a mi esposa Maira Alejandra Cortes Muñoz, a mis Padres Augusto Cuellar Rodriguez y Gloria Garcia Arias (QEPD), a mi Hermana Claudia Lorena Cuellar Garcia.

A mis Directores Mg. Yana Saint Priest, PhD Carlos Uribe Gartner y PhD Carlos Zuluaga, por su dedicación en mi proceso de formación Postgradual.

TABLA DE CONTENIDO

LISTA DE FIGURAS

LISTA DE TABLAS

PRÓLOGO

La última década del siglo XX fue en especial prolija en los avances tecnológicos en computación e informática, por cuanto abrió la caja de pandora a la posibilidad de traspasar los límites físicos de la computación digital, donde el bit sólo puede tomar dos valores: 0 ó 1; al paradigma de la computación cuántica, donde el mismo bit, llamado qubit, puede a la vez tomar diferentes valores de manera superpuesta de 0, 1, 0 y 1. Este revolucionario avance en las ciencias de la computación, apoyado evidentemente en las leyes de la mecánica cuántica, presenta el poder del bit desde otra perspectiva, desde la perspectiva espacial, ortogonal, vectorial, de onda, o sea, de la perspectiva o sucesión lineal de 0 y 1 alternados a la perspectiva tridimensional o representación geométrica del espacio de todos los posibles estados del qubit, posibilitando operaciones y cálculos en paralelo, y por lo tanto exponencial. Esto implica por lo tanto buscar nuevas tecnologías de materiales para el hardware de las computadoras cuánticas, el desarrollo de la óptica cuántica, la creación de algoritmos cuánticos y de compuertas cuánticas, la tecnología de seguridad y criptografía cuántica, para el procesamiento, almacenamiento y transmisión de datos.

Es en este contexto, que el trabajo investigativo denominado *Informática Cuántica: un Acercamiento a sus Métodos, Desarrollos y Aplicaciones* cobra mucha relevancia en este campo de investigación, por cuanto presenta el estado del arte de la informática cuántica, los algoritmos hasta ahora definidos, las aplicaciones de la informática cuántica existentes, como las ventajas y desventajas de este nuevo paradigma en el campo de la ingeniería, situando el tema en una discusión técnica, actualizada y apropiada, que pone de relieve la importancia científica de estas nuevas investigaciones de cara al desarrollo y aplicación de las tecnologías de la información y las comunicaciones que el país ha estado incentivando.

El texto que se presenta hoy desde la comunidad académica e investigativa, muestra que el paradigma de la informática cuántica, promete revolucionar de manera exponencial la velocidad de procesamiento como la de transmisión de datos, al igual, que el almacenamiento de datos por la superposición de estados, que estará ligado a las aplicaciones de ingeniería futuras de procesadores y computadores cuánticos, inteligencia artificial, reconocimiento de patrones, teleportación, procesamiento de señales y seguridad de las comunicaciones.

Para la comunidad academica el presente libro abre la posibilidad de aportar en la formulación de nuevas investigaciones en informática cuántica, que beneficiarán en principio el desarrollo de la computación y la informática, al igual, que facilitará el soporte para la investigación en áreas del conocimiento de medicina, economía, astronomía, educación, química, entre otras, que en conjunto con otras investigaciones relacionadas y realizadas por universidades de la región, en este caso la Universidad del Valle, y del país, la Universidad de los Andes, permitirán desbrozar y liderar nuevos caminos en informática cuántica.

Alvaro Iván Jiménez Alzate, MSc

INTRODUCCIÓN

El uso de las herramientas computacionales es muy común y necesario tanto en los hogares como en los centros de estudio e investigación, lo que ha convertido a la informática en una de las ciencias más importantes de la actualidad; tanto así que prácticamente no se podría pensar que exista un campo de la investigación o área donde la informática no se aplique o esté presente.

Desde que se inició la era digital a través de tubos de vacío, luego transistores y finalmente circuitos, los creadores de hardware han minimizado los componentes físicos de un computador, buscando la eficiencia en cuanto a mayor velocidad y menor espacio. Llegará el momento en el cual esta miniaturización será tal, que las leyes de la física clásica ya no se apliquen en estos componentes sino que se aplicarán las leyes del mundo subatómico, tal y como lo menciona Vicente Moret Bonillo (2013, p 4):

"La computación digital tradicional no debe estar muy lejos de su límite, puesto que ya se ha llegado a escalas de sólo algunas decenas de nanómetros, lo que conllevaría a la aplicación de la computación cuántica". (Cuellar, Saint-Priest, Parada, & García, 2018).

El Nobel Richard Feynman en 1982 propuso que dada la complejidad de algunos cálculos, éstos no se podrían realizar con los métodos de la computación clásica (basada en el modelo de Turing); si no que se deberían realizar usando un nuevo paradigma de computación que usara las leyes de la física cuántica (Cuellar et al., 2018). Esta fue la primera vez que se planteó la importancia de la informática cuántica; y desde entonces, diversos ingenieros y científicos han realizado varias investigaciones en este campo mostrando la gran importancia que tiene. Por otro lado, Brown re-afirma que: "a medida que los computadores han aumentado su velocidad de funcionamiento, su tamaño ha ido disminuyendo debido a que la velocidad de la luz es finita. Por lo tanto, la tecnología de los computadores ha evolucionado, siguiendo un proceso de miniaturización que lleva de los relés, válvulas, transistores, hasta los circuitos integrados. Por lo cual se podría afirmar que el próximo nivel será el sub atomico; por lo que el cambio en los componentes fundamentales de las computadoras, hace necesario redefinir muchos elementos de la computación actual, la arquitectura, los algoritmos y los componentes de hardware" (Brown, 2010).

Figura 1. D-Wave II, la segunda versión del prototipo de computador cuántico de la compañía canadiense D-Wave Systems.

Esto permite evidenciar la necesidad de fortalecer procesos de alfabetización científica, propiamente en aportes que se generan de acuerdo al conocimiento de la física a escala subatómica y sus aplicaciones en contextos de formación academica tanto a nivel del campo de la ciencia, la comunicacion y la tecnología, al igual que en formación de docentes en ciencias y tecnología, para quienes es necesario tener bases referentes a este campo de acción (Actual investigación Doctoral).

En resumen, el actual libro presenta la informática cuántica como un paradigma de las ciencias de la computación e información, que crece a medida que se desarrolla la teoría cuántica de la información. Cada una crece con ayuda de la otra, por lo cual es necesario que los ingenieros conozcan la informática cuántica y sus posibles aplicaciones, para que el aporte desde el campo de la informática sea aún mayor, aprovechando todas las bondades que estas nuevas investigaciones de la computación e información traen consigo.

ANTECEDENTES

Desde el momento en que el gobierno de China puso en órbita el primer "satélite cuántico" en el año 2016, el cual se ha usado para tele transportar información a través de fotones con el fin generar transmisiónes simultáneas de mensajes cifrados con tecnología cuántica como el que se ha evidenciado actualmente (Reyes, 2020).

Esto significa un avance muy grande en el campo de la informática cuántica, según Pan Jian-Wei quien es el autor intelectual de este experimento, el cual trabaja en la Universidad de Ciencia y Tecnología de China en Hefei, el satélite ha comprobado que el concepto cuántico del entrelazamiento se extiende a distancias récord de más de 1.000 kilómetros, pudiendo emitir fotones entrelazados individuales entre espacio y varias estaciones terrestres de la Tierra. A su vez, según la Nature, también se pondrá a prueba si es posible utilizar fotones entrelazados, para tele transportar información de forma segura entre la Tierra y el espacio, lo cual también genera un gran salto en la investigación referente a la criptografía cuántica. Se espera que estos avances, den comienzo a la era de las comunicaciones cuánticas que, en teoría, deberían ser "inviolables".

En el diario South China Morning Post, uno de los científicos que dirige el proyecto nacional de comunicación cuántica, en una conferencia celebrada en la ciudad china de Hebei, explica que el plan de este país es crear una red de comunicación cuántica que una Asia y Europa para el año 2020, y una red global para el 2030. Por otro lado los gobiernos de Europa, Japón y Canadá están trabajando en sus propios satélites de comunicación cuántica.[1].

Por otro lado, según la MIT Technology review, una empresa llamada Rigetti Computing, la cual es una startup con sede en California, está desarrollando un procesador cuántico, el cual se usará para que los computadores cuánticos puedan

---

[1] Chen S. South China Morning Post. [En línea] (http://www.scmp.com/news/china/article/1631479/china-launch-hack-proof-quantum-communication-network-2016?page=all). Consultado el 6 de Julio del 2020.

resolver problemas muy difíciles y efectuar cálculos más elaborados[2]. Según esta información, el prototipo de chip cuántico en el que está trabajando actualmente está fabricado con circuitos de aluminio sobre un sustrato de silicio.

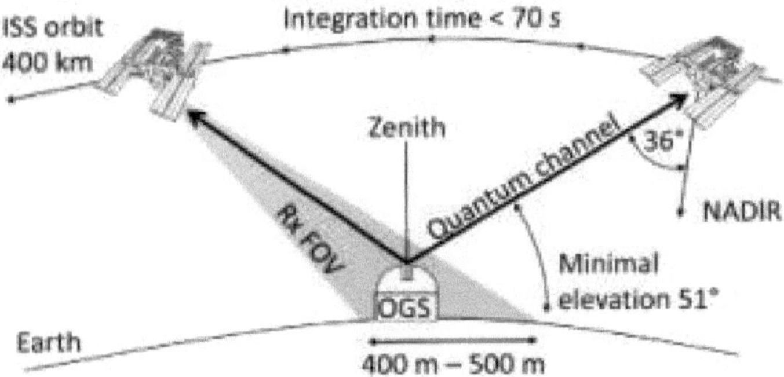

Figura 2. Diagrama que detalla las comunicaciones cuánticas entre la estación internacional (ISS) y un observatorio en el planeta (OGS).

La Agencia Nacional de Seguridad de EEUU (NSA) anuncio que los algoritmos que se están usando actualmente para encriptar códigos de seguridad, no son seguros debido a la implementación de la informática cuántica y advierten que "cada vez hay más investigaciones en el área de computación cuántica, y se están logrando suficientes progresos para que la NSA tenga que actuar ahora"[3]; ellos manifiestan que el problema es que nadie sabe cómo desarrollar una encriptación a prueba de computadores cuánticos. La agencia asegura que está colaborando con el Instituto Nacional de Estándares y Tecnología para elaborar unos nuevos algoritmos que puedan resistir la era de la informática cuántica que ya está comenzando. En el presente año, científicos e ingenieros del M.I.T. (Massachusetts Institute of Technology) y la Universidad de Innsbruck manifiestan que han podido manipular cinco qubits o bits cuánticos, lo que les permite calcular con éxito los factores del número 15, esto permite vislumbrar que en un futuro muy cercano se podrá factorizar cualquier número y con ello romper la seguridad de los esquemas de cifrado tradicionales (Nordrum, 2016). Esta búsqueda del alto nivel de seguridad es también uno de los objetivos del Centro de Investigación Cooperativa en

---

[2] Simonite. MIT Technology Review. [En línea] (https://www.technologyreview.com/s/600711/the-tiny-startup-racing-google-to-build-a-quantum-computing-chip/). Consultado el 6 de febrero del 2020.

[3] National Security Agency. [En línea] (https://www.nsa.gov/ia/programs/suiteb_cryptography/). Consultado el 6 de febrero del 2020.

Nanofotónica Semiconductora, encabezada por la Universidad Técnica de Berlín (Alemania) la cual está realizando continuas investigación en el campo de la criptografía cuántica.

Google y la NASA en el año 2013 construyeron el primer laboratorio de Inteligencia Artificial Cuántica el cual está equipado con hardware de la compañía de computación cuántica D-Wave. En él se han estado realizando varios proyectos y experimentos referentes a la informática cuántica, recientemente se construyó el prototipo o sistema de computador cuántico llamado 2X D-Wave (Nordrum, 2016), el cual contiene 1097 qubits y sirve para explorar el potencial de los computadores cuánticos frente a problemas de optimización que son difíciles o a veces imposibles de manejar aún en los actuales computadores más potentes basados en la computación tradicional (NASA, 2016). Los investigadores de la NASA están utilizando este sistema para investigar en el campo de la aeronáutica, ciencias de la Tierra, del espacio, y la exploración espacial, así como en el aprendizaje automático, reconocimiento de patrones, planificación de la misión y la programación, la navegación y la coordinación distribuida, y el diagnóstico del sistema y la detección de anomalías (NASA, 2020).

Según Alexander Hellemans los futuros computadores cuánticos podrían ser muy parecidos a los actuales computadores que usan el método tradicional de la información y la comunicación; esto debido a que un grupo de investigadores han creado un qubit usando sólo un transistor CMOS (semiconductor complementario de óxido metálico) el cual no es muy diferente de las de los microprocesadores que se usan actualmente (Hellemans, 2016). Aunque se debe tener presente que sin importar la estructura o el tamaño del computador cuántico, las enormes ventajas que tendrá respecto a los computadores tradicionales no se podrán evidenciar hasta que los ingenieros construyan máquinas que manipulen millones de qubits. La mayoría de los investigadores de computación cuántica e informática cuántica han optado por un enfoque mucho más lento de la construcción de dispositivos usando la informática cuántica con sólo varios qubits o decenas de qubits, debido a los retos y obstáculos que surgen en la corrección de errores usando múltiples qubits y el mantenimiento de la coherencia en todo el sistema (Hsu, 2015).

Figura 3. "Quantum Valley" ubicado en la Universidad de Waterlooen Canada.

Lo anterior muestra que las investigaciones en informática cuántica se han convertido en fundamentales para las nuevas tecnologías en las telecomunicaciones y por ende, es necesario que los ingenieros y científicos conozcan e investiguen en la informática cuántica; aunque paradójicamente en nuestro país y propiamente en nuestra región, esto no es necesariamente cierto. Se puede percibir que pocos ingenieros conocen las bases, el planteamiento y las aplicaciones de la informática cuántica; dejando en el mejor de los casos, la investigación a los físicos. Al momento de consultar acerca de las investigaciones que hay en este campo, se puede apreciar que son los departamentos de física y matemáticas en la mayoría de los casos, los que las hacen.

Un claro ejemplo es que en el año 2010 se reunieron por primera vez en la Universidad Nacional de Colombia con sede en Bogotá científicos, pertenecientes a los departamentos de física de la Universidad Nacional de Colombia, la Universidad de los Andes, la Universidad de Antioquia, la Universidad EAFIT y la Universidad del Valle, para conformar la primera red de expertos en informática y computación cuántica (UNAL, 2010). En esta reunión se manifestó que: "... en la actualidad, la computación cuántica es una de las áreas más atractivas de la física porque ofrece la posibilidad de ver aspectos tanto teóricos, como aplicados" (UNAL, 2010); lo que implicaría que las investigaciones en este tema interesarían sólo al campo científico.

Por otro lado, tanto el departamento de matemáticas de la Universidad de los Andes realizó el "Encuentro Colombiano de Computación Cuántica"[4] en el mes de Mayo del año 2015 como la Universidad Santiago de Cali en el "encuentro de computación cuántica" desarrollado en el año 2019, eventos que permitieron reunir investigadores interesados en la computación cuántica y otros temas relacionados como la información cuántica, procesos cuánticos, mediciones cuánticas, entropía cuántica, etc. Los encuentros evidenciarón la necesidad de que los ingenieros en general y profesores de ciencias y tecnologia se documenten e investiguen en estas temáticas, realizando sus aportes propios como sus futuras aplicaciones en campos de la criptografía cuántica y la inteligencia artificial cuántica entre otros.

Tanto a nivel nacional como regional se están realizando investigaciones en este campo o nuevo paradigma de la información y comunicación. Por ejemplo, la Universidad EAFIT, a través del grupo de "Lógica y Computación" perteneciente a la escuela de Ciencias, ha publicado el artículo "Sobre algunos modelos de implementación para la computación cuántica", el cual presenta diferentes formas en las cuales se pueden implementar los computadores cuánticos, así como el método de trampa de iones (Vélez & Sicard, 2009), también habla sobre la ponencia llamada "Computación Cuántica Topológica" del ingeniero físico Mario Vélez perteneciente al grupo (Vélez, 2009). Otro artículo denominado "Modelos de Computación Cuántica Discreta", en el cual se estudian estos modelos basados en redes de puertas cuánticas, y se analizan los principales resultados que se han obtenido en este campo (Vélez, Sicard & Curty, 2012). La Universidad EAFIT oferta el curso electivo "Fundamentos de computación cuántica" el cual tiene como objetivo principal comprender los modelos de computación cuántica con base en sus fundamentos matemáticos, físicos e informáticos[5].

La Universidad Nacional también ha publicado varios artículos referentes a este campo, "Estado del arte de la computación cuántica" del Doctor John William Branch y el Especialista Juan Pablo Rúa Vargas pertenecientes a la Escuela de Sistemas e Informática (Rua & Branch, 2009); así como las investigaciones realizadas por el

---

[4] "Encuentro Colombiano de Computación Cuántica 2015", realizado en la Universidad de los Andes por el Departamento de Matemáticas del 11 hasta el 15 de mayo.
[5] EAFIT [En línea] (http://www1.eafit.edu.co/asr/courses/computacion-cuantica-CB120/index.html). Consultado el 12 de Julio del 2016.

grupo de "Grupo de Óptica e Información Cuántica – GOIC.

Por su parte la Universidad de los Andes, a través del "grupo de investigación de óptica cuántica", estudia la generación de estados de luz no clásicos y sus aplicaciones en informática cuántica a través de su laboratorio experimental de óptica cuántica; y ha realizado varias investigaciones como es "Reconstrucción experimental para los grados de libertad de polarización y camino: un paso hacia la codificación de dos qubits en un solo fotón", en el cual se presenta la reconstrucción experimental de qubits de polarización y se propone un montaje experimental para producir estados arbitrarios de camino y polarización (Calderón, Jiménez, et al, 2014). La Universidad implementó la electiva: "Introducción A la Computación Cuántica" del departamento de Matemáticas[6].

A nivel regional existen varios grupos de investigación que se encargan de estudiar e investigar en computación e informática cuántica, algunos de ellos son:

- "El Grupo de Semiconductores y Nuevos Materiales - SENUMA" de la Universidad del Cauca, el cual tiene como objetivo el estudio de la estructura electrónica de semiconductores y nuevos materiales, al igual que el desarrollo de estudios e investigación en física computacional, computación e informática cuántica[7].

- "El grupo de investigación en computación e información cuántica – GICIC", de la Pontificia Universidad Javeriana con sede en la ciudad de Cali, el cual tiene como línea de investigación los fundamentos conceptuales de la teoría cuántica de campos y la gravitación[8].

- "El grupo de Investigación Tecnología, Información y Complejidad Cuántica-

---

[6] Universidad de los Andes [En línea]
(http://catalogo.uniandes.edu.co/en/2016/Catalogo/Courses/MATE/2000/MATE-2182). Consultado el 12 de Julio del 2016.
[7] Universidad del Cauca [En línea]
(http://scienti.colciencias.gov.co:8080/gruplac/jsp/visualiza/visualizagr.jsp?nro=00000000002119).   Consultado el 13 de Julio del 2016.
[8] Universidad Javeriana [En línea]
(http://www.javerianacali.edu.co/grupos-de-investigacion/gicic-grupo-de-investigacion-en-computacion-e-informacion-cuantica). Consultado el 13 de Julio del 2016.

QuanTIC[9]" de la Universidad del Valle, dirigido por el profesor John Henry Reina. Las contribuciones de este grupo han permitido la planeación y puesta en marcha del Laboratorio de Óptica e Información Cuántica, dentro del marco del proyecto "Estudio teórico-experimental de correlaciones cuánticas en qubits fotónicos y moleculares", el cual se adelanta en colaboración con las Universidades de Bayreuth y de Estocolmo[10]. El grupo QuanTIC organizo en el año 2012 el "International Workshop on Quantum Coherence & Decoherence-IWQCD1", el cual buscaba afianzar lazos en la comunidad científica nacional experta en dichas áreas, creando un espacio propicio para dar a conocer nuevos resultados, intercambiar ideas y evaluar perspectivas para futuros trabajos conjuntos referentes a la computación e informática cuántica.

- "El grupo de Bionanoelectronica" perteneciente a la escuela de ingeniería eléctrica y electrónica de la Universidad del Valle, en el cual se pretende investigar en los principios y fundamentos de la química, biología, física, medicina, electrónica, ciencia de los materiales y nanotecnología[11]. Una de sus líneas de investigación es en: Biohardware y Computación Cuántica, emulación en hardware de los sistemas de computación cuántica, la cual ha publicado artículos como "Emulación en hardware de circuitos cuánticos basados en compuertas Toffoli" que presenta el diseño de una arquitectura de hardware para poder emular circuitos cuánticos los cuales se basan en compuertas tipo Toffoli, emula circuitos cuánticos que usan más de cincuenta qubits.

Por otro lado la Universidad ICESI en el 2011 presento un seminario llamado "Aplicaciones de ingeniería cuántica", a cargo de Alejandro Perdomo Ortiz perteneciente a la Universidad de Harvard, en el cual se resumieron y discutieron algunas de las contribuciones de su trabajo doctoral en la Universidad de Harvard[12].

Por último, en la Universidad Santiago de Cali, existe un trabajo de grado llamado

---

[9] Clasificado en la más alta categoría de grupos de COLCIENCIAS.

[10] Universidad del Valle [En línea] (https://sites.google.com/site/quanticunivalle/home/). Consultado el 13 de Julio del 2016.

[11] Universidad del Valle [En línea] (http://bionano.univalle.edu.co/). Consultado el 13 de Julio del 2016.

[12] Universidad ICESI [En línea] (http://www.icesi.edu.co/blogs/facultad_ciencias_naturales/2011/04/01/seminario-aplicaciones-de-ingenieria-cuantica/). Consultado el 13 de Julio del 2016.

"Evolución de la computación cuántica y comparación con los modelos actuales de computación" (Rodríguez, 2010), el cual compara (como dice su nombre) el modelo de computación cuántica con los modelos actuales de computación, mostrando la importancia de la informática cuántica en las futuras aplicaciones de la computación y telecomunicación. Este trabajo fue presentado en el 2010 a la Facultad de Ingeniería, propiamente al Programa de "Tecnología en sistemas de información".

CAPÍTULO 1. CONCEPTOS BÁSICOS DE LA MECÁNICA CUÁNTICA

Según la Ley de Moore, el número de transistores por centímetro cuadrado en un circuito integrado se duplica cada 18 meses y la tendencia continuaría durante las siguientes décadas (Cheang , 2005, p 5). Esto llevará a que los transistores sean tan pequeños que ya no se aplicaran las leyes de la física clásica, si no que empezaran a regir las leyes de la mecánica cuántica. Los fenómenos de la mecánica cuántica están enmarcados en el mundo microscópico, es decir, la mecánica cuántica es la rama de la física que trata de explicar aquellos fenómenos no explicables mediante la física clásica. Tal y como lo mencionan Michael A. Nielsen e Isaac L. Chuang: "La mecánica cuántica es la descripción más precisa y completa del mundo conocido". O como lo menciona Feynman (1963, p 37-1): "La mecánica cuántica es la descripción de movimiento e interacción de partículas en pequeñas escalas donde la naturaleza discreta del mundo físico adquiere importancia" (Nielsen & Chuang, 2010, p 80) (Cuellar et al., 2018).

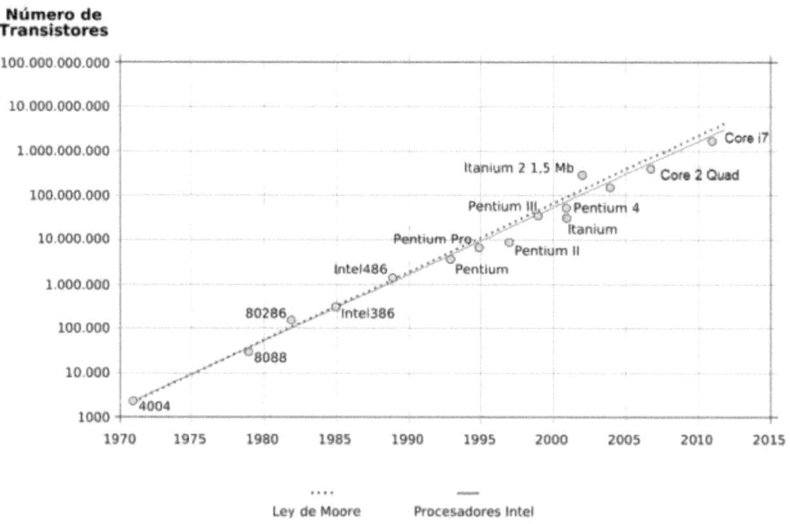

Figura 4. Cuadro que compara la Ley de Moore con los procesadores Intel.

El comportamiento de las partículas a escala sub-atómica es diferente a comparación de lo que normalmente se conoce a nivel macroscópico; por lo tanto, las leyes de la mecánica cuántica no siempre son intuitivas ni fáciles de entender. Sus conceptos, postulados y fenómenos, muchas veces chocan con las nociones que resultan familiares a un nivel que no se puede captar por los sentidos. Si bien, el nobel Richard Feynam manifestaba que (Feynman, 1963, p 37-2):

"(…) como el comportamiento atómico es tan diferente a la experiencia común, es muy difícil acostumbrarse, y a todos parece como algo muy peculiar y misterioso, tanto al novicio como al físico experimentado. Aún los expertos no lo entienden en la forma en que les gustaría hacerlo, y esto es perfectamente razonable, ya que toda la experiencia humana y la intuición humana se aplican a objetos grandes. Nosotros sabemos cómo actuarán estos objetos grandes: pero las cosas a escala pequeña no actúan precisamente en esa forma. De modo que tenemos que aprender respecto a ellas en una cierta forma abstracta o imaginativa y no en conexión con nuestra experiencia directa".

Debido a esto, las diferencias significativas entre la teoría clásica y la teoría cuántica han sido objeto de estudio de muchos científicos. Teniendo en cuenta estas diferencias, surge el interrogante de ¿cuándo se aplica las leyes de la física clásica, o las leyes de la mecánica cuántica? Para poder responder a este interrogante, se debe conocer que en el mundo sub-atómico existe una constante universal llamada la constante de Planck ($h = 6.626 \times 10^{-34} J \cdot s$), la cual determina las siguientes condiciones de la aplicabilidad de una teoría clásica o cuántica (Fernández & Fermín, 2008, p 17):

- Si las acciones del sistema son mucho mayores que la constante de Planck, entonces para describir ese sistema será suficiente aplicar esquemas de la física clásica.

- Si las acciones del sistema son comparables con la constante de Planck, entonces debemos aplicar la física cuántica.

En la teoría cuántica, como resultado de la evidencia experimental a nivel de partículas sub-atómicas y atómicas, se han incorporado varios conceptos, métodos nuevos, y revolucionarios que describen la materia a estas escalas. En este caso ya no se puede hacer una descripción detallada del movimiento de las partículas en el sentido de la mecánica clásica, al igual que el de la cuantización de la energía y de otras cantidades físicas, y la interacción de la radiación de la materia mediante la absorción o emisión de fotones.

Hay que tener en cuenta que según las leyes de la mecánica cuántica, es imposible efectuar una medición sobre un sistema sin perturbarlo. Por lo tanto, los detalles de la naturaleza de esta perturbación y el punto exacto el que ella ocurre inquietudes que aún generan controversia. Por este motivo, la mecánica cuántica atrajo algunos de las mentes más brillantes del siglo XX. Según Alonso y Finn (1995, p 812), el nuevo formalismo conocido como mecánica cuántica, es el resultado del trabajo original de Louis de Broglie (1892-1987), Erwin Schrödinger (1887-1961), Werner Heisenberg (1901-1976), Paul Dirac (1902-1984), Max Born (1882-1970), Albert Einsten (1879-1955) y otros que lo desarrollaron en la década de los veinte. Por lo anterior, se puede concluir que la mecánica cuántica es esencial para entender el comportamiento de los constituyentes fundamentales de la materia y en este caso, la informática cuántica. En palabras de Juan Ignacio Cirac (Cirac, 2014):

"La Física Cuántica es una teoría que describe el mundo microscópico, desde las partículas elementales, hasta los átomos, moléculas y fotones. Es la teoría que ha sido contrastada con buena precisión, y explica muchos de los fenómenos que observamos. También es la responsable de muchas de las aplicaciones que disfruta la sociedad, como los basados en los láseres, los semiconductores, la química o la aplicación de espectroscopia de resonancia magnética nuclear en la medicina entro otras. En los últimos veinte años se ha descubierto que también puede utilizarse para transmitir y procesar información de una manera diferente a la que se viene usando clásicamente. Esto ha dado lugar a una verdadera revolución en el campo de la física que, además de dar una nueva visión sobre la naturaleza, podría permitir en el futuro desarrollar ordenadores muy potentes o sistemas de comunicación muy seguros. En la actualidad existen laboratorios repartidos por todo el mundo, intentando construir estos equipos, y descubriendo nuevos fenómenos en el mundo microscópico, o buscando otras posibles aplicaciones."

En la siguiente sección se realiza una descripción de algunos conceptos de la mecánica cuántica, que forman las bases para la construcción y aplicación de la informática cuántica. Estos conceptos son: la radiación del cuerpo negro, el concepto de fotón, la dualidad onda- partícula, el principio de incertidumbre de Heisenberg, la ecuación de Schrödinger, la teoría formal de la mecánica cuántica y el entrelazamiento cuántico.

1.1 LA RADIACIÓN DEL CUERPO NEGRO

Si un termómetro se coloca frente a un objeto frio (como por ejemplo un bloque de hielo), se registra el efecto contrario que cuando se coloca frente a un objeto de alta temperatura, es decir, el termómetro mide un decremento de la temperatura. Lo que ocurre es que el termómetro radia más calor hacia la superficie fría que el que recibe de esta, por lo que su equilibrio térmico solo se alcanza a una temperatura más baja que la original, tal y como lo menciona la siguiente ley, llamada ley de Prévost:

-Ley de Prévost: "Todos los objetos están constantemente radiando y recibiendo energía calorífica del entorno, pero en el estado de equilibrio térmico, la cantidad que pierde un cuerpo por unidad de tiempo es igual a la absorbida durante el mismo intervalo en forma de radiaciones idénticas procedentes de los otros cuerpos que lo rodean" (Alonso & Finn, 1995, p 812).

Debido a esta ley, se define la radiación térmica como la radiación electromagnética que emiten los cuerpos como consecuencia de poseer cierta temperatura. Generalizando, un cuerpo que recibe una cierta radiación puede (Alonso & Finn, 1995, p 812):

- Absorber la radiación, aumentando de esa forma su energía interna.
- Reflejar la radiación exterior.

Por lo tanto, todos los cuerpos emiten y absorben radiación, si por ejemplo, un cuerpo está más caliente que su entorno, se enfriara, porque su rapidez de emisión de energía excede a su rapidez de absorción de la misma. Cuando se alcanza el equilibrio térmico, la velocidad de emisión y la de absorción son iguales. La materia en un estado sólido o líquido (condensado) emite un espectro continuo de radiación, el cual depende de la temperatura. A temperaturas comunes u ordinarias la mayoría de los cuerpos son visibles, no por la luz que emiten, sino por la que reflejan; por eso si a estos cuerpos no les llega luz, no se podrían visualizar. Sin embargo, a temperaturas muy altas, los cuerpos generan luz (un espectro más luminoso) y es posible verlos brillar en un cuarto oscuro, por lo que los cuerpos autoluminosos han de estar a una temperatura muy elevada. Como la calidad del espectro depende de la temperatura, se puede calcular la temperatura de un cuerpo caliente (como una estrella) analizando la radiación que emite.

Aunque existen una clase de cuerpos calientes que se caracterizan por que no reflejan la radiación en absoluto, es decir aquellos que por sus características emiten y absorben toda la energía disponible en forma rápida y eficiente para siempre estar en equilibrio térmico lo que hace que no reflejen la luz. A estos cuerpos se les conoce como cuerpos negro, técnicamente se puede definir como aquel que se caracteriza por poseer un coeficiente de absorción igual a la unidad en todas sus frecuencias; teniendo en cuenta la siguiente ecuación:

$$\alpha_v = \frac{T_v}{T_v + R_v}$$

(1)

Donde cada variable representa:

α_v :. Coeficiente de absorción

T_v : Potencia total recibida

R_v : Potencia total reflejada

El cuerpo negro se podría pensar como un agujero negro de ranura muy pequeña, en la cual la radiación que entra tendría muy pocas probabilidades de salir. Para entender cómo se realiza la emisión de un cuerpo negro, hay que recordar que cuando un cuerpo se calienta, emite todo su exceso de energía en forma de radiación compuesta por un continuo de varias frecuencias (Feynman, 1963). Esto significa que cuanto más caliente está el objeto, más energía irradia a su alrededor. La comprensión teórica de la radiación del cuerpo negro, fue una meta muy importante para los físicos de finales del siglo XIX, lo que condujo a establecer las bases para construir la mecánica cuántica.

Según Resnick (1972), la distribución espectral de la radiación de un cuerpo negro, se describe mediante la cantidad $\Re_T(v)$ llamada la radiancia espectral, la cual se define de tal manera que la cantidad $\Re_T(v)\,dv$ es la rapidez con que una superficie radia energía por unidad de área a temperatura absoluta$c$, para frecuencias en el intervalo desde v a $v + dv$. Según algunos experimentos realizados en el laboratorio, para un valor dado de frecuencia v, se observa que la radiancia espectral $\Re_T(v)$ aumenta al aumentar la temperatura T. Si se realiza la integral de la radiancia espectral para todas las frecuencias v, se obtiene la energía total emitida en la unidad de tiempo por unidad de área para un cuerpo negro a temperatura v . Es decir:

$$\Re_T = \int_0^\infty \Re_T(v)\,dv \tag{2}$$

Esta cantidad se llama radiancia espectral, y sus unidades están dadas en vatios por metro cuadrado (W/m^2), (Alonso y Finn, 1995).

La radiancia surge de la ecuación propuesta por Max Planck explicando el espectro de la radiación del cuerpo negro, no sólo en los casos de bajas frecuencias sino también de altas frecuencias[13]. Por otra parte, la intensidad de la radiación emitida por un cuerpo, el cual se encuentra a una temperatura T y frecuencia v, esta descrita por la Ley de Planck:

$$\rho(v, T) = \frac{hv^3}{2\pi c^2} \frac{1}{exp(hv/K_B T) - 1} \tag{3}$$

---

[13] Demostración tomada del libro: Fernández, P. & Fermín, J. (2008). Fundamentos de física cuántica para ingeniería. Editorial Limusa. México D.F., México. Páginas: 23 a 25.

Donde K_B es la constante de Boltzmann, h la constante de Planck, y c representa la velocidad de la luz. A partir de la ecuación (3) es posible obtener la constante de Wien ($\lambda_{max}T = 2.8976\ m \cdot K = b.$), de la siguiente manera:

Reescribimos la ecuación (3) en términos de la longitud de onda,

$$\rho(\lambda, T) = \frac{hc}{2\pi\lambda^3} \frac{1}{\exp(hc/K_B T\lambda)-1} \tag{4}$$

Derivando ρ con respecto a λ, reemplazando en la longitud de onda máxima, e igualando a cero, se obtiene:

$$\frac{hc}{k_B b} \frac{\exp(hc/k_B b)}{\exp(hc/k_B b)-1} = 5 \tag{5}$$

La solución numérica de la ecuación (5) conduce a un resultado aproximado de la constante de Wien $b = 2.884 \times 10^{-3} m \cdot K$.

En el límite de bajas frecuencias, en la ecuación (3) se pueden depreciar los términos de orden superior a 2 en la serie de Taylor de la función exponencial $\exp(h\nu/K_B T)$, obteniendo de esta manera la expresión que describe la ley de radiación de Rayleigh-Jeans:

$$J(\nu, T) = \frac{\nu^2}{2\pi c^2}\ K_B T \tag{6}$$

De tal manera, que la ley de Rayleigh-Jeans constituye un caso límite de la ley de Planck a bajas frecuencias o longitudes de onda largas.

La energía total contenida en la radiación del cuerpo negro se halla mediante la integración sobre las contribuciones de cada frecuencia, de la siguiente manera:

Designando la radiancia espectral como U se tiene:

$$U = \frac{c}{4}\int_0^\infty \rho(v,T)dv = \frac{h}{8\pi c}\int_0^\infty \frac{v^3}{\exp(hv/K_BT)-1}dv \qquad (7)$$

Realizando el cambio de variable $x = hv/K_B T$, se obtiene:

$$U = \frac{K_B^4}{8\pi ch^3}T^4 \int_0^\infty \frac{x^3}{e^x-1}dx \qquad (8)$$

De donde se obtiene la ley de Stefan-Boltzmann:

$$U = \sigma T^4 \qquad (9)$$

Siendo σ la constante de Stefan-Boltzmann, la cual está dada por la siguiente expresión:

$$\sigma = \frac{K_B^4}{8\pi ch^3}\int_0^\infty \frac{x^3}{e^x-1}dx = 5.6697 \times 10^{-8}\frac{W}{m^2 \cdot K^4} \qquad (10)$$

También se observó a través de experimentos, que al aumentar la temperatura T, la distribución espectral de las frecuencias se desplaza a valores más altos (Alonso & Finn, 1995). Basados en el cambio de variable realizado en la ecuación (7), se obtiene:

$$x_{max} = \frac{hv_{max}}{K_BT} = \frac{hc}{K_BT\lambda_{max}} \qquad (11)$$

Por tanto: $\lambda_{max}T = const. = b$, lo cual significa que la longitud de onda emitida con más intensidad por un cuerpo negro es inversamente proporcional a la temperatura del cuerpo. Es decir que λ_{max} se "desplaza" al cambiar la temperatura, es por esta razón que a esta expresión se le conoce como ley de desplazamiento de Wien:

$$\lambda_{max} \cdot T = const. = b \tag{12}$$

Figura 5. Poder emisivo espectral de un cuerpo negro a 288°K.

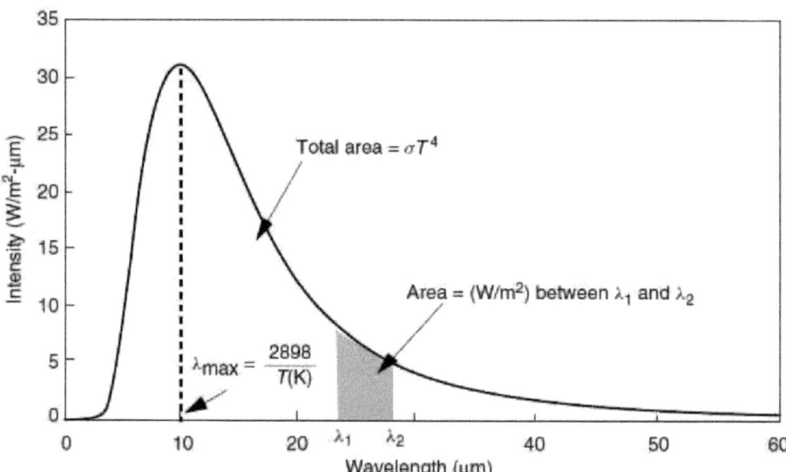

Fuente: Recuperado de Resnick R. (1972). Basic concepts in early quantum theory.

Estos resultados experimentales concuerdan con la teoría anteriormente descrita (lo que hace que una teoría sea válida en la física), la cual manifiesta que la cantidad de radiación térmica aumenta con la temperatura y que la frecuencia principal de la radiación se hace más alta al aumentar la temperatura, es decir que el color de un cuerpo caliente cambia de rojo a blanco y a azul.

Según Alonso y Finn (1995), el problema de encontrar que mecanismo hace que los átomos que producen la radiación, generen la distribución de energía de la radiación del cuerpo negro, dio lugar a la física cuántica. Hacia finales del siglo XIX, todas las teorías que intentaban explicar esta distribución de energía, fracasaban constantemente al no ser acordes los resultados teóricos con los experimentales. No fue hasta que el físico alemán, Max Planck sugirió a principios del siglo XX, que si la radiación dentro de un cuerpo negro está en equilibrio con los átomos del cuerpo, debía existir una correspondencia entre la distribución de energía de la radiación y las energías de los átomos del cuerpo (Feynman, 1963), es decir si E es la energía absorbida o emitida en un asolo proceso de interacción de un oscilador (supuso que los átomos radiantes se comportan como osciladores armónicos y que cada uno oscila con una frecuencia v) con la radiación electromagnética, la hipótesis de Planck establece que:

$$E = hv \qquad (13)$$

Donde h se conoce como constante de Planck, cuyo valor experimental está dado por $h = 6.626 \times 10^{-34} J \cdot s$.

La ecuación (13) define la cuantización de la energía, indicando que la energía esta cuantizada, es decir que se transmite en paquetes o "cuantos".

Hoy en día no se tiene una mejor explicación, por lo que se debe aceptar la cuantización de algunas magnitudes físicas como un hecho de la naturaleza. Según Alonso y Finn (1995), las ideas de Planck estimularon nuevas líneas de pensamiento en muchos otros físicos que trabajan en la interpretación de otros fenómenos relacionados, lo que genero a un rápido desarrollo de la mecánica cuántica.

1.2 EL CONCEPTO DE FOTÓN

Como se mencionó en la anterior sección, Planck estaba interesado en la descripción teórica de la radiación que emiten los objetos calientes (radiación del cuerpo negro), llegando a la conclusión de que sólo se podría explicar las propiedades de estos objetos si se suponía que la luz se emite en pequeños paquetes discretos de energía a los cuales llamó cuantos. Estos resultados eran muy interesantes, porque los pequeños paquetes de energía se podían entender como el equivalente de las partículas o también llamadas corpúsculos (Cox, 2014); luego según Resnick, la naturaleza corpuscular de la radiación del cuerpo negro fue confirmada en 1923 con los experimentos de Compton, a través de un haz de rayos X de longitud de onda λ bien definida, incidiendo sobre un blanco de grafito (1972). Para varios ángulos de dispersión, Compton midió la intensidad de los rayos X dispersos como una función de su longitud de onda, observando que aunque el haz incidente consta esencialmente de una sola longitud de onda λ, los rayos X dispersos tienen su máxima intensidad para dos longitudes de onda. Una de ellas es la misma que la longitud de onda incidente, la otra que se simboliza como λ' es mayor por una cantidad $\Delta\lambda$. Esta variación en la longitud de onda se conoce como "desplazamiento de Compton" (Alonso & Finn, 1995):

$$\Delta\lambda = \lambda' - \lambda \tag{14}$$

En el modelo clásico el vector del campo eléctrico oscilante en la onda incidente de frecuencia v, actúa sobre los electrones libres del bloque de dispersión, y los pone a oscilar a esa misma frecuencia. Estos electrones oscilantes (como las cargas de una pequeña antena de un radio transmisor), radian ondas electromagnéticas que tienen la misma frecuencia v; por lo tanto la onda dispersada deba tener la misma frecuencia v y la misma longitud de onda λ que la onda incidente (Eisber & Resniick, 1985).

Figura 6. Arreglo experimental de Compton.

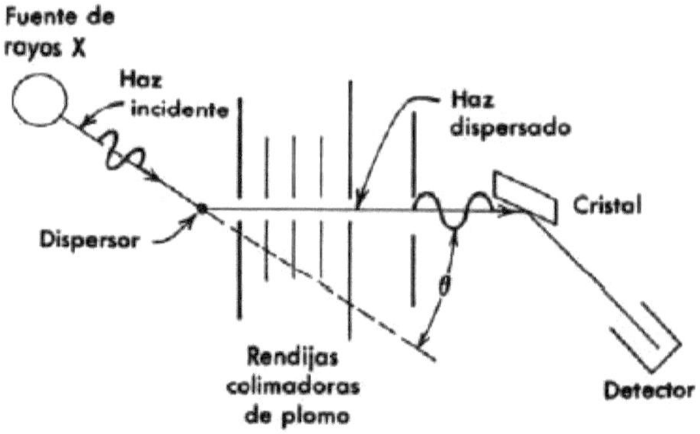

Fuente: Recuperado de Resnick R. (1972). Basic concepts in early quantum theory.

Según Eisber & Resniick, Compton interpreto sus resultados experimentalmente postulando que el haz de rayos X incidente, no era una onda de frecuencia v, sino un conjunto de fotones cada uno con energía (E) equivalente a:

$$E = hv \tag{15}$$

Los cuales chocaban con electrones libre en el bloque de dispersión, como si se tratara de una colisión de bolas de billar o como un choque elástico (1985). Según lo anterior, los fotones que son "rechazados" los cuales emergen del blanco forman la radiación dispersa. Como el fotón incidente transfiere parte de su energía más baja E' ; por lo tanto este debe tener una frecuencia más baja representada por:

$$v' = \frac{E'}{h} \tag{16}$$

La cual implica una longitud de onda mayor,

$$\lambda' = \frac{c}{v'} \tag{17}$$

Este punto de vista explica cualitativamente el cambio de longitud de onda,

$$\Delta\lambda = \lambda' - \lambda \tag{18}$$

Es importante recalcar que en la interacción se consideran los rayos X como partículas o fotones, no como ondas (confirmando la teoría de Planck), y que a diferencia de su comportamiento fotoeléctrico, los fotones de rayos X son dispersados en vez de absorbidos (Eisber & Resniick, 1985).

Compton en su artículo titulado "Teoría cuántica de la dispersión de rayos X por elementos ligeros", escribió:

"…los cuantos de radiación se reciben de direcciones definidas y se difunden en direcciones definidas. La confirmación experimental de la teoría, indica en forma muy convincente: que un cuanto de radiación lleva consigo cantidad de movimiento dirigida, así como energía" (Compton, 1923).

La necesidad de una interpretación cuántica (o de partículas), de los procesos de interacción entre la radiación y la materia, parecía clara, pero al mismo tiempo, para entender los fenómenos de interferencia y de difracción, se hace necesaria una teoría ondulatoria de la radiación (debido a que esta se comporta como ondas en algunos casos y como partículas o fotones, en otros casos). Para Resnick, (esta situación paradójica) se manifiesta en forma muy evidente en el mismo experimento de Compton, donde se utiliza un espectrómetro de cristal para medir las longitudes de ondas de rayos X, siendo interpretada la medición mediante una teoría ondulatoria de difracción, y la dispersión afecta la longitud de onda en una forma que puede entenderse únicamente si se trata de los rayos X como partículas (1972).

Es decir:

$$E = hv \quad \text{y} \quad \rho = h / \lambda \tag{19}$$

Donde se combinan las características ondulatorias (v y λ) y las de las partículas (E y ρ de momentum).

Para Feynman, el efecto Compton se resume en las siguientes suposiciones:

- La dispersión de la radiación electromagnética por un electrón libre se puede considerar como un choque entre el electrón y una partícula de masa en reposos nula.

- La radiación electromagnética hace las veces de una partícula de masa en reposo nula, a la cual se le llama fotón.

- La energía y el momentum de la partícula de masa en reposo nula (fotón) están relacionados con la frecuencia y la longitud de onda de la radiación electromagnética por: $E = hv$ y $\rho = h / \lambda$ (1966).

Por lo tanto, se puede concluir que el efecto Compton ocurre en dos etapas, primero el electrón absorbe un fotón de energía hv y segundo emite un fotón de energía hv'. Debido a esto el electrón adquiere una energía cinética $E_k = E - E'$ y un momentum $\rho_e = \rho - \rho'$ que están relacionados por:

$$E_k = c\sqrt{m_e^2 c^2 + p_e^2} - m_e c^2$$

(20)

Según la conservación de la energía y el momentum (Terán, 2014).

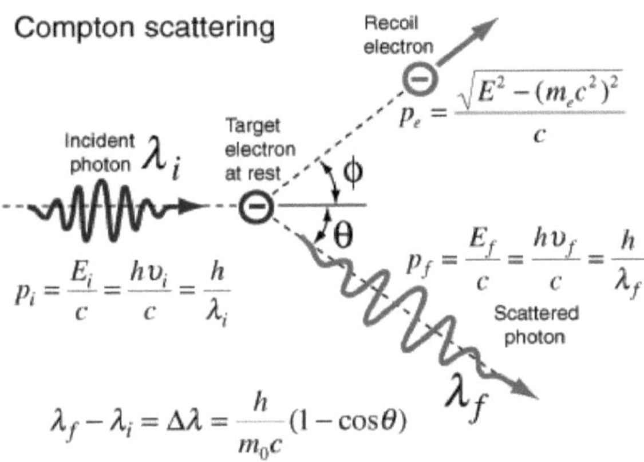

Figura 7. Dispersión de Compton.

Teniendo en cuenta las secciones referentes al estudio de la radiación del cuerpo negro y el efecto Compton (para explicar el concepto de fotón), se puede entender que el fotón es el cuanto de energía y momentum electromagnéticos que una partícula cargada emite o absorbe en un solo proceso, el cual está determinado completamente por la frecuencia de la radiación (Alonso & Finn, 1995). Por lo tanto, es posible establecer el siguiente principio o ley física:

"Cuando una onda electromagnética interactúa con una partícula cargada, las cantidades de energía y de momentum que se intercambian en el proceso son las correspondientes a un fotón" (Compton, 1923).

Este principio es una de las leyes fundamentales de la mecánica cuántica, y se aplica a todos las situaciones radioactivas que involucran partículas cargadas y campos electromagnéticos. Como lo mencionan Alonso y Finn:

"El descubrimiento de esta ley en el primer cuarto de este siglo fue un hito en el desarrollo de la física" (1995).

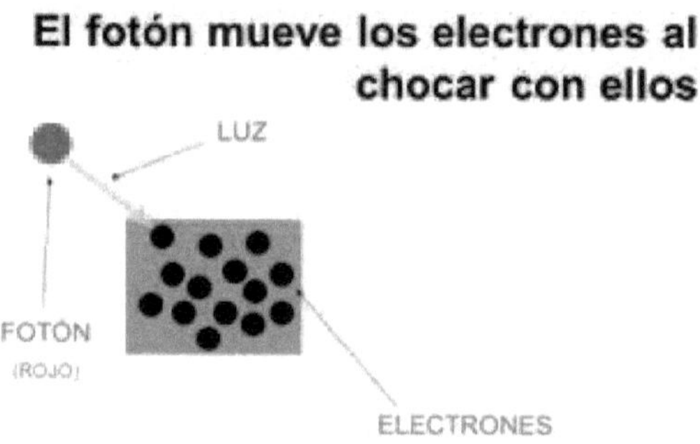

Figura 8. Interacción entre fotones y electrones.

En resumen, se podría imaginar las interacciones electromagnéticas como el resultado de un intercambio de fotones entre las partículas cargadas las cuales están interactuando unas con otras.

1.3 DUALIDAD ONDA- PARTÍCULA

Al final del primer cuarto del siglo pasado ocurrió una revolución en los conceptos físicos, en cuanto al modo de describir el movimiento de una partícula. La experiencia de los sentidos indica que la materia y los objetos en general tienen un tamaño y una forma bien definida, lo que conlleva a una localización en el espacio; lo que es erróneo según los experimentos físicos que se realizaron en esa época y que aún se están realizando, mostrando que el comportamiento dinámico de las partículas elementales exige que con cada partícula se asocie un campo (campo de materia), e inversamente se asocia un fotón con un campo electromagnético (Alonso & Finn, 1968), es decir, el campo de materia describe el estado dinámico de una partícula de la misma manera en que el campo electromagnético corresponde a fotones que tienen momentum y energía precisos.

Luis de Broglie propuso en 1924 las siguientes ecuaciones (por eso muchas veces se define a λ, como la longitud de onda de Broglie de una partícula), las cuales relacionan la longitud de onda λ, la frecuencia v del campo monocromático asociado con una partícula de momentum ρ y energía E:

$$\lambda = \frac{h}{\rho} \quad Y \quad v = \frac{E}{h} \tag{21}$$

Donde h es la constante de Planck.

Tomando a k como $k = \dfrac{2\Pi}{\lambda}$ y la frecuencia angular $\omega = 2\Pi v$, se puede describir las anteriores ecuaciones de una forma más simétrica, de la siguiente manera:

$$\rho = \frac{h}{2\Pi} k \quad Y \quad E = \frac{h}{2\Pi} \omega \tag{22}$$

Además, si se define una nueva constante $\hbar$ (denominada h cruzada), como:

$$\hbar = \frac{h}{2\Pi} = 1,0544x10^{-34} \; J \; s$$

Se tiene que:

$$\rho = \hbar k \quad Y \quad E = \hbar \omega \tag{23}$$

Lo que indican que cuando se perturba el movimiento de la partícula de tal modo que el campo asociado a ella no se puede propagar libremente, se deben percibir fenómenos de interferencia y de difracción como en el caso de las ondas elásticas y electromagnéticas (Alonso & Finn, 1968). En resumen, si se desea entender la radiación, se necesita usar un modelo de partículas en ciertas situaciones (como en el efecto Compton) y un modelo ondulatorio en otras situaciones (como en la difracción de rayos X), por lo tanto esta misma dualidad de onda y partícula se aplica para la materia al igual que para la radiación (Resnick, 1972).

Se pueden relacionar el modelo de onda y el de partícula a través de una interpretación de probabilidades, por ejemplo en el caso de la radiación fue Einstein quien unificó las teorías corpuscular (partícula) y ondulatoria y luego Max Born empleo un enunciado similar para unificar las teorías ondulatoria y corpuscular de la materia (Eisber & Resniick, 1985). A partir de este momento se usa la palabra promedio para determinar una situación dada, debido a que los procesos de emisión son de naturaleza estadística; tal y como lo menciona Max Born:

"…de acuerdo con este concepto, la marcha total de los eventos está regida por las leyes de la probabilidad; a un estado en el espacio corresponde una probabilidad definida, la cual está dada por la onda de Broglie asociada con el estado" (Born, 1962).

Por lo anterior, no se podría hablar de una posición exacta de una partícula en un instante dado, sino que se define mediante $\overline{\psi^2}$ la probabilidad de encontrar una partícula en un cierto intervalo de espacio en un instante dado, como consecuencia el principio de superposición[14] se aplica tanto para la materia como para la radiación a través de la suma de las funciones de onda para dos ondas de materia superpuestas cuya intensidad resultante se da por ψ^2 de la siguiente manera:

$$\psi_1 + \psi_2 = \psi \tag{24}$$

Lo anterior ocurre porque a través de experimentos se comprueba de que la materia manifiesta propiedades de interferencia y difracción, propiedad que no se

---

[14] Según Rusell, este principio postula que la onda resultante de la interacción entre dos ondas, que se han de desplazar en el mismo medio y a la vez, equivale a la suma de cada una de las ondas por separado. [En línea] (http://www.acs.psu.edu/drussell/demos/superposition/superposition.html). Consultado el 30 de Diciembre del 2015.

podría entender usando las ideas de la mecánica clásica (Resnick, 1972).

1.4 EL PRINCIPIO DE INCERTIDUMBRE DE HEISENBERG

Otra situación que no se podría explicar con las leyes de la mecánica clásica es que un grupo o paquete de ondas se encuentra localizado en el espacio, es necesario poder suponer varios campos de longitudes de onda λ diferentes (Alonso & Finn, 1968). Si el paquete de ondas ocupa una región la cual se le denominara Δx , según Alonso & Finn, los valores del número de onda de las ondas que caen dentro[15] de un intervalo de acuerdo a la teoría del análisis de Fourier[16] se tiene la siguiente expresión (1968):

$$\Delta x \Delta k \sim 2\pi$$

(25)

Pero según las ecuaciones planteadas por de Broglie (presentadas en la anterior sección), las longitudes de onda λ muestran que existen que hay varios valores de ρ tal qué $\Delta\rho = \hbar\Delta k$ y teniendo en cuenta que $h = 2\pi\hbar$, la expresión anterior queda de la siguiente manera:

$$\Delta x \Delta \rho \sim h$$

(26)

La anterior relación implica que cuanto mayor es Δx menor es $\Delta\rho$, es decir, son inversamente proporcionales. Por lo que se puede afirmar que cuanto más preciso sea conocer la posición de una partícula, más impreciso será conocer sobre su momentum y a su vez, cuanto más preciso sea conocer el momentum de una partícula, más impreciso será conocer sobre su posición. Para Resnick esta es lo que hace una partícula de momentum bien determinado, es decir, $\Delta\rho = 0$ se presenta con una onda de amplitud constante que se extiende a todo el espacio, es

---

[15] Solo las ondas que interfieren para componer el paquete de ondas y que tiene una amplitud apreciable

[16] Según Ángel Franco, el análisis de Fourier demostró que se puede obtener una función discontinua a partir de la suma de funciones continuas. [En línea] (http://www.sc.ehu.es/sbweb/fisica/ondas/fourier/Fourier.html). Consultado el 30 de Diciembre del 2015.

decir, $\Delta x \sim \infty$ de modo que no se podría conocer la posición de la partícula, por lo que no se podría determinar con exactitud la posición y el momentum de una partícula al mismo tiempo, es decir $\Delta x = 0$ y $\Delta \rho = 0$ (1972).

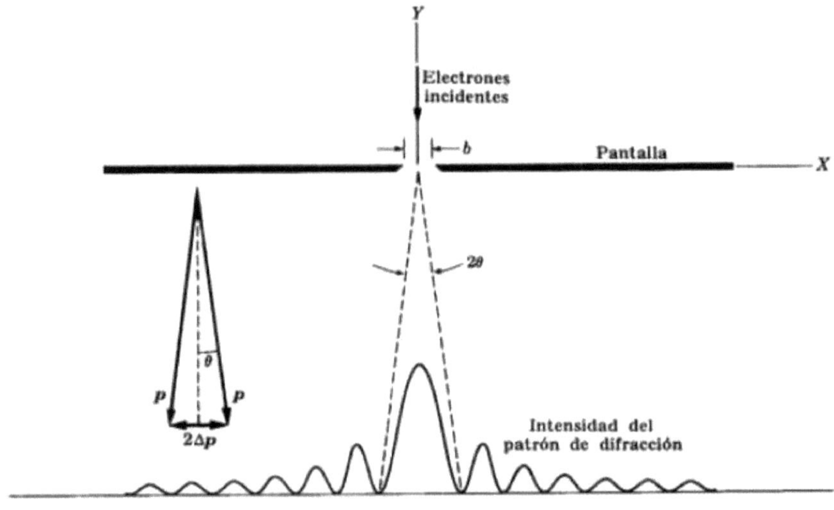

Figura No 9:

Figura 9. Medición de la posición y del momentum de una partícula que pasa por una hendidura.

Aunque en la mayoría de los experimentos x y ρ se conocen con una precisión mucho menor, de modo que se podría escribir la relación:

$$\Delta x \Delta \rho \geq h$$

(27)

El resultado de esta expresión se le denomina "Principio de incertidumbre de Heisenberg", principio que Richard Feynman expresa de la siguiente forma:

"Es imposible conocer simultáneamente y con exactitud la posición y el momentum de una partícula" (Feynman, 1966).

Por lo tanto, tampoco se puede determinar de manera precisa el comportamiento futuro de un sistema, ya que el acto simple de observar un sistema, este lo perturba, es decir, la observación cambia el movimiento previo del sistema a un estado nuevo de movimiento que no se puede conocer completamente.

Figura 10. Werner Heisenberg en 1925.

Heisenberg resumió este asunto de la siguiente manera:

"…si conocemos el presente en forma exacta, podemos predecir el futuro. No es la conclusión, si no la premisa la que es falsa. Por principio, no se puede conocer el presente en todos sus detalles" (Heisenberg, 1932).

En conclusión, la dualidad onda- partícula y el principio de incertidumbre manifiesta que el concepto de probabilidad es básico y fundamental en la mecánica cuántica. Richard Feynman se refiere a este principio de la siguiente manera:

"El principio de incertidumbre protege a la mecánica cuántica. Heisenber reconoció que si fuera posible medir el momentum y la posición simultáneamente con una precisión mayor, la mecánica cuántica se vendría abajo, por ello propuso que debe ser imposible…se ha demostrado que la mecánica cuántica mantiene su peligrosa pero precisa existencia" (1995)

1.5 LA ECUACIÓN DE SCHRÖDINGER

Si bien el postulado de Broglie es cierto, no es una teoría completa que describe el comportamiento de una partícula, por lo que no se conoce una ecuación que describa la propagación de la onda piloto, a su vez, falta una relación cuantitativa de la dualidad onda-partícula, que manifieste de que forma la onda determina la probabilidad de observar la partícula en un determinado lugar (Gratton, 2004). Para hacer esto se debe tener un procedimiento más general que se pueda utilizar para poder tratar el comportamiento de una partícula de cualquier sistema microscópico, por lo que la teoría de Schrödinger proporciona tal procedimiento, puesto que especifica las leyes del movimiento ondulatorio que obedecen las partículas de cualquier sistema microscópico (Eisber & Resniick, 1985). Esta teoría se considera como una continuación de postulado de Broglie, además la teoría de Schrödinger es una generalización que tiene incluida la teoría de Newton como un caso especial en el límite macroscópico, en el mismo sentido que la teoría de la relatividad de Albert Einstein es una generalización que incluye la teoría de Newton como un caso especial en el límite de velocidades bajas (Eisber & Resniick, 1985).

Este procedimiento se presenta, teniendo en cuenta que la función de onda $\psi(x,t)$ para cada estado dinámico de cualquier partícula está determinada por las fuerzas que actúan sobre ella, por lo tanto, la regla para encontrar la función de onda consiste en resolver una ecuación diferencial basada en la expresión para la energía total de la partícula,

$$E = \frac{\rho^2}{2m} + E_p(x) \tag{28}$$

Donde $\dfrac{\rho^2}{2m}$ es su energía cinética y $E_p(x)$ es su energía potencial esta ecuación diferencial es conocida como la Ecuación de Schrödinger la cual fue formulada en 1926 por Erwin Schrödinger (Alonso & Finn, 1995).

La ecuación de Schrödinger para problemas en una dimensión es[17]:

$$-\frac{\hbar^2}{2m}\frac{d^2\psi}{dx^2} + E_p(x)\psi = i\hbar\frac{d\psi}{dt}$$

(29)

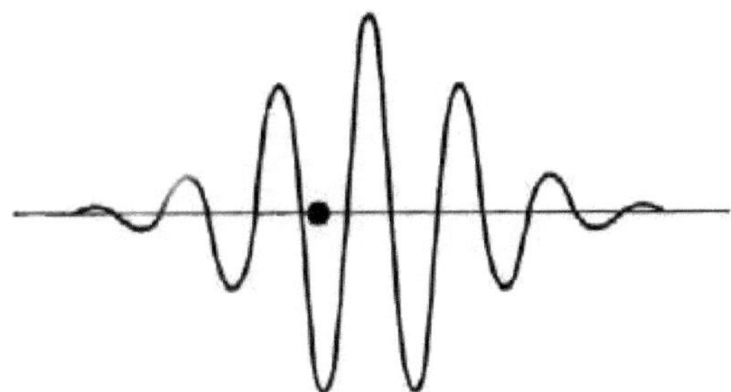

Figura 11. Descripción muy esquemática de una función de onda y su partícula. La partícula deberá estar en algún lugar donde la función de onda tenga una amplitud apreciable.

Esta ecuación es fundamental para la mecánica cuántica, análogamente como lo es la ecuación $F = \frac{dp}{dt}$, o las ecuaciones de Maxwell para el electromagnetismo (Alonso & Finn, 1968).

Se puede simplificar esta ecuación en el momento en que la partícula está en un estado de energía que se puede definir totalmente, de tal manera que se podría expresar la función de onda como $\psi(x,t) = e^{-\frac{iEt}{\hbar}}\psi(x)$, por lo tanto la ecuación quedaría expresada:

$$-\frac{\hbar^2}{2m}\frac{d^2\psi}{dx^2} + E_p(x)\psi = E\psi$$

(30)

La cual se conoce como la ecuación de Schrödinger independiente del tiempo. E

---

[17] No se presenta el método para obtener esta ecuación debido al nivel de complejidad matemática.

es la energía total de la partícula, por eso se conoce al término de la izquierda ($-\frac{\hbar^2}{2m}\frac{d^2\psi}{dx^2}$) de la ecuación (30) como la energía cinética de la partícula y el de la derecha ($E_p(x)\psi$) como la energía potencial de la partícula. Otra manera alternativa de escribir la ecuación es la siguiente:

$$\frac{d^2\psi}{dx^2} + \frac{2m}{\hbar^2}\left[E - E_p(x)\right]\psi = 0 \tag{31}$$

O con el laplaciano[18] $\Delta\psi = \frac{d^2\psi}{dx^2}$ se podría expresar:

$$\Delta\psi + \frac{2m}{\hbar^2}\left[E - E_p(x)\right]\psi = 0 \tag{32}$$

Las soluciones de la ecuación no representan la función de onda como una línea vibrando (como en el caso de Broglie), sino algo que se asemeja a una nube continua que llena el espacio que rodea a una partícula, por lo que las orbitas de un átomo corresponden a funciones de onda estacionarias (Cassinello & Sánchez, 2012).

---

[18] En física, el laplaciano aparece en múltiples contextos como la teoría del potencial, la propagación de ondas, la conducción del calor, la distribución de tensiones en un sólido deformable, etc [En línea] (https://es.wikipedia.org/wiki/Operador_laplaciano) Consultado el 3 de Enero del 2016.

Figura 12. Erwin Schrödinger

La aplicación de la mecánica cuántica ha revolucionado el mundo de la ciencia y la tecnología, permitiendo que se puedan solucionar diversos problemas que no se podrían hacer a través de las leyes de la mecánica clásica. Por eso no es exagerado manifestar que la ecuación de Schrödinger constituye el principio a un nuevo concepto de lo que es la realidad (Fernández & Fermín, 2008), tal y como lo dijo Aczel:

"... Schrödinger realizó una de las contribuciones más importantes a la nueva teoría cuántica: el cuestionar lo que tomamos como verdad a partir de nuestra vida cotidiana es esencial al tratar el mundo de lo muy pequeño, y por otra parte los cuadernos de notas de Schrödinger serían cruciales en su desarrollo de la ecuación de ondas" (Aczel, 2002).

A su vez Erwin Schrödinger usó un experimento ficticio para explicar las leyes que rigen de la mecánica cuántica:

Imagine que se encierra un gato dentro de una caja con una botella de gas venenoso. En esa misma caja, hay también un mecanismo que al emitir una partícula (radioactiva) hace que un martillo rompe la botella que contiene el gas venenoso. En un cierto periodo de tiempo, ese mecanismo tiene un 50% de posibilidad de emitir la partícula y matar al gato con el gas, y a su vez 50% de quedar inactivo permitiendo el gato siga con vida. Así, mientras no se habrá la caja, es imposible saber si el gato está vivo o muerto, por lo que según las propiedades probabilísticas de la mecánica cuántica, se asume las dos posiciones al mismo tiempo o como se le conoce: una superposición de estados, es decir, el gato está vivo y muerto al mismo tiempo (Toma, 2009).

Según Aczel, el problema que desea ilustrar el gato de Schrödinger es el referente a la decoherencia cuántica, no quiere decir que el tendrá este estado de decoherencia, por lo que un gato es un sistema macroscópico el cual se puede describir con las leyes de la mecánica clásica, no un elemento del mundo microscópico cuántico, tal como si lo es un electrón o un fotón en una superposición de más de un estado (2002).

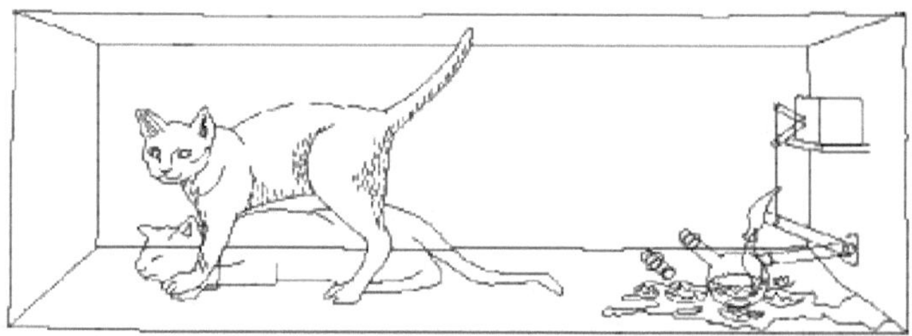

Figura 13. El gato de Schrödinger, en una superposición de estados (vivo y muerto)

Richard Feynman resume los conceptos mencionados anteriormente de la mecánica cuántica en las siguientes tres leyes:

I- La probabilidad de un suceso en un experimento ideal viene dada por el cuadrado del valor absoluto de un número complejo ϕ que se denomina amplitud de probabilidad.

p=probabilidad, ϕ=amplitud de probabilidad y P= $|\phi|^2$

II- Cuando un suceso puede ocurrir de varias formas alternativas, la amplitud de probabilidad para el suceso, es la suma de las amplitudes de probabilidad para cada forma considerada por separado. Existe interferencia. $\phi = \phi_1 + \phi_2$ y $P = |\phi_1 + \phi_2|^2$

III- Si se realiza un experimento que es capaz de determinar si se ha seguido una u otra alternativa, la probabilidad del suceso es la suma de las probabilidades para cada alternativa, es decir, se pierde la interferencia. $P=P_1+P_2$. (Feynman, 1966)

CAPÍTULO 2. LA TEORÍA FORMAL DE LA MECÁNICA CUÁNTICA

Hasta ahora se ha presentado una teoría cuántica basada en el punto de vista del principio de incertidumbre de Werner Heisenberg y la ecuación de Erwin Schrödinger para sistemas atómicos. Es posible expresar los principios de la mecánica cuántica de una manera más formal que permita obtener toda la información necesaria de un sistema físico (Alonso & Finn, 1968). A estos principios se les conoce como postulados de la mecánica cuántica y son necesarios tenerlos en cuenta en la formulación de los principios de la informática cuántica los cuales se presentaran más adelante. Nielsen & Chuang manifiestan que los postulados de la mecánica cuántica surgieron después de un largo proceso de ensayo y error, que involucró una cantidad considerable de tiempo buscando pruebas y profetizando posibles resultados por parte de los creadores de estas teorías (2010).

Para poder presentar el primer postulado de la mecánica cuántica, se debe tener en cuenta que la ecuación de Schrödinger también se puede escribir en lenguaje matemático de la siguiente forma:

$$H = \frac{1}{2m}\left(-h^2 \frac{d^2}{dx^2}\right) + E_p(x)$$

$$(33)$$

Donde $-h^2 \dfrac{d^2}{dx^2}$ es un operador el cual actúa sobre una función $\psi(x)$ de la forma $H\psi(x)$, por lo que la anterior expresión se puede escribir como la ecuación de Schrödinger de manera simbólica:

$$H\psi(x) = E\psi(x)$$

$$(34)$$

Donde el operador H se le conoce como el operador hamiltoniano del sistema. Lo cual significa que el efecto de H sobre $\psi(x)$ es multiplicar $\psi(x)$ por la constante E (Alonso & Finn, 1968). Aquellas funciones que satisfacen la anterior ecuación, reciben el nombre de funciones propias del operador H, y los valores propios del operador son los correspondientes a la constante E. Análogamente para un operador cualquiera A, las funciones y los valores propios, son los que satisfacen la ecuación

Correlacionando los hamiltonianos de la mecánica clásica y los hamiltonianos de la mecánica cuántica y usando el operador vectorial ∇ que se define como

$$\nabla = u_x \frac{\partial}{\partial x} + u_y \frac{\partial}{\partial y} + u_z \frac{\partial}{\partial z} \tag{35}$$

Se obtiene el operador cuántico

$$H = -\frac{\hbar^2}{2m}\nabla^2 + E_p(r) \tag{36}$$

Reemplazando el operador vectorial se tiene que

$$H = -\frac{\hbar^2}{2m}\left(\frac{\partial^2}{\partial x^2} + \frac{\partial^2}{\partial y^2} + \frac{\partial^2}{\partial z^2}\right) + E_p(r) \tag{37}$$

Donde r es el vector posición de la partícula y $-i\hbar\nabla$ es el operador incluido en la anterior ecuación, es decir, da el operador hamiltoniano cuántico para una partícula en tres dimensiones. Por lo tanto, se puede establecer el primer principio de la mecánica cuántica de la siguiente manera *(Alonso & Finn, 1968)*:

I- "A cada cantidad física $A(r,p)$, que sea una función de la posición r y del momentum p de una partícula, corresponde un operador cuántico, que se obtiene reemplazando p por $-i\hbar\nabla$; esto es $A(r,-i\hbar\nabla)$".

De esta manera, el operador hamiltoniano H es el operador cuántico correspondiente a la energía total del sistema para el movimiento en una y tres dimensiones respectivamente (Resnick, 1972). La siguiente tabla resume y compara los operadores clásicos y cuánticos (para varias cantidades físicas, esto facilita la comprensión del anterior principio:

MAGNITUD	DEFINICIÓN CLÁSICA	OPERADOR CUÁNTICO
Posición	$\vec{r}$	$\vec{r}$
Momentum	$\vec{p}$	$-i\hbar\nabla$
Momentum angular	$\vec{r}X\vec{p}$	$-i\hbar rX\nabla$
Energía cinética	$\vec{p}^2$ /2m	$-(\hbar^2/2m)\nabla^2$
Energía total	$\vec{p}^2$ /2m + Ep(r)	$-(\hbar^2/2m)\nabla^2 + E_p(r)$

Tabla 1. Operadores cuánticos.

El segundo principio de la mecánica cuántica establece que *(Alonso & Finn, 1968)*:

II- "Cuando se mide una cantidad física $A(r,p)$, los únicos valores posibles que se puede obtener son los valores propios del operador cuántico $A(r,-i\hbar\nabla)$. "

Por lo tanto, se puede determinar el valor de la energía y también el de cualquier otra cantidad física; es decir, este principio describe que información física de un sistema se puede hallar (Resnick, 1972). En términos matemáticos este segundo principio se puede escribir con la ecuación $A(r,-i\hbar\nabla)\psi = a\psi$. Aunque si el sistema está en un estado descrito por la función de onda Φ la cual no es solución de la función de onda ψ_n en la anterior ecuación se puede inferir que A no tiene un valor preciso *(Alonso & Finn, 1968)*.

En consecuencia resolviendo la función de onda Φ en términos de las funciones propias ψ_n del operador A se tiene que $\Phi = C_1\psi_1 + C_2\psi_2 + C_3\psi_3... = \sum C_n\psi_n$. En el caso que las funciones ψ_n son ortogonales, el valor propio Cn seria:

$$C_n = \int \psi_n^* \Phi d\tau \tag{38}$$

De lo anterior se puede establecer el tercer principio de la mecánica cuántica de la siguiente manera *(Alonso & Finn, 1968)*:

III- "Cuando un estado del sistema corresponde a la función de onda $\Phi(r)$, la probabilidad de obtener el valor a_n como resultado de una medida de la cantidad física $A(r,p)$ es $|C_n|^2$ donde

$$C_n = \int \psi_n^* \Phi d\tau \, , \tag{39}$$

y ψ_n es la función propia del operador $A(r,-i\hbar\nabla)$ correspondiente al valor propio de a_n)."

Este principio hace referencia a que cuando la función Φ no es una función propia de A, no se podrá (a pesar de que se hagan muchas veces las medidas) saber cuál es el valor exacto de A, encontrándose diferentes probabilidades (Resnick, 1972). Aunque se puede calcular el valor medio de A en un estado descrito por Φ, de la siguiente manera:

a) Si la función de onda Φ está normalizada a uno, es decir $\int \Phi^* \Phi d\tau = 1$, se tiene que el valor medio de A es:

$$\overline{A} = \int_{\forall \, espacio} \Phi^* A(r,-i\hbar\nabla)\Phi d\tau \tag{40}$$

b) Si la función de onda Φ no está normalizada a uno, es decir $\int \Phi^*\Phi d\tau \neq 1$, se tiene que el valor medio de A es:

$$\overline{A} = \frac{\int \Phi^* A\Phi d\tau}{\int \Phi^* \Phi d\tau} \tag{41}$$

Como lo mencionan *Alonso & Finn,* los anteriores principios no dan información acerca de la evolución de un sistema a través del tiempo, es decir son estáticos *(1968)*. Para poder usar una teoría dinámica, de evolución temporal se define el cuarto principio (Moret, 2013):

IV- "La evolución en el tiempo del estado de un sistema está dada por la ecuación de Schrödinger dependiente del tiempo

$$i\hbar \frac{\partial \psi(r,t)}{\partial t} = H\psi(r,t) \tag{42}$$

Donde $\hbar = \frac{h}{2\pi}$ que es la constante de Planck, y H es el operador Hamiltoniano del sistema, el cual se define como

$$H = -\frac{\hbar^2}{2m} \frac{\partial \psi(r,t)}{\partial x} + V(x,t)\psi(x,t) \tag{43}$$

Para una partícula que se mueve a lo largo del eje x."

A través de este principio se puede definir la energía del sistema como $E \longrightarrow i\hbar \frac{\partial}{\partial t}$.

Estos mismos principios se pueden expresar a través de procedimientos que permiten (dada una función) calcular otra función correspondiente o, lo que es lo mismo, a través de un operador (Moret, 2013). Existen operadores llamados operadores de densidad o matriz de densidad, los cuales cumplen con la siguiente propiedad

$$\rho \equiv \sum_i p_i \left| \psi_i \right\rangle \left\langle \psi_i \right|$$

(44)

Para Juan Hecht, los cuatro postulados de la mecánica cuántica se pueden definir a través de los operadores de densidad de la siguiente forma:

"I- A cada sistema físico aislado se le asocia un espacio vectorial complejo con producto interno (o espacio de Hilbert) conocido como el espacio de estados del sistema. Si un sistema cuántico está en el estado ρ_i con probabilidad p_i, entonces el operador de densidad del sistema será

$$\rho_i = \sum_i p_i \rho_i .$$

(45)

II- La evolución de un sistema cuántico cerrado se describe por una transformación unitaria $\rho' = U \rho U^+$ donde U es un operador unitario.

III- Las mediciones cuánticas son descriptas por un conjunto $\{M_m\}$ de operadores de medición, donde la condición de completamiento $\sum_m M_m^+ M_m = I$ y el estado residual del sistema una vez medido m será $\dfrac{M_m \rho M_m^+}{tr\left(M_m^+ M_m \rho \right)}$.

IV- El espacio de estados de un sistema físico compuesto es el producto tensorial del espacio de estados de los sistemas físicos componentes. Por ende, el operador de densidad conjunto será $\rho = \rho_1 \otimes \rho_2 \otimes .... \otimes \rho_n$". (2005)

La definición de la mecánica cuántica formal, al igual que la definición de la mecánica cuántica usando los operadores de densidad a través de los cuatro postulados, es muy necesaria para poder comprender algunos conceptos que más adelante serán presentados haciendo alusión a la informática cuántica.

2.1 EL SPIN DE UN ELECTRÓN

Aunque la ecuación de Schrödinger permite predecir los niveles de energía del átomo de hidrógeno, existen varias observaciones experimentales que indican que no dice todo acerca del comportamiento de los electrones en los átomos, por lo que la evidencia empírica muestra que es necesario atribuir a esas partículas un momento angular intrínseco llamado "Spin de un electrón" (Young & Freedman, 2008).

En 1926 Uhlenbeck y Goudsmit propusieron que un electrón gira sobre sí mismo explicando ciertas características de los espectros de los átomos que tienen un solo electrón. Sea S el spin de un electrón y L el momentum orbital angular, el momentum angular total se define como $J = L + S$, el cual depende de la orientación relativa de S y L, por lo cual se espera que esto se refleje en ciertas propiedades atómicas (Alonso & Finn, 1968). La existencia del Spin de un electrón se confirmó a través del experimento de Stern – Gerlach realizado por primera vez en 1924, el cual se hizo pasar un haz de átomos neutros a través de un campo magnético no uniforme, luego se desviaron los átomos de acuerdo con la orientación del momentum magnético con respecto al campo(Young & Freedman, 2008).

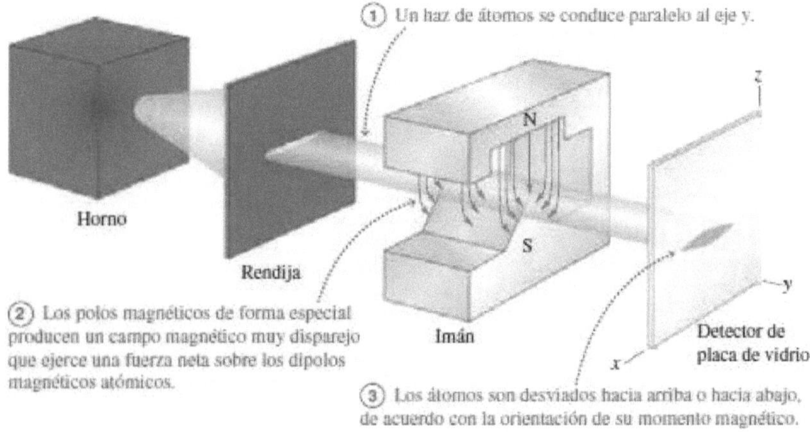

Figura 14. Experimento de Stern – Gerlach

Este experimento demostró directamente la cuantización de la cantidad del momentum angular debido a que si sólo hubiera cantidad de movimiento angular orbital, las desviaciones desdoblarían el haz formando una cantidad impar $(2L+1)$ de distintos componentes, pero resulto que algunos haces de átomos se desdoblaban en una cantidad par de componentes. Si se define j como un número cuántico de momentum angular, al igualar $(2L+1)$ con un número par, se obtiene el número cuántico de momentum angular $j = \dfrac{1}{2}, \dfrac{3}{2}, \dfrac{5}{2}...$, mostrando que hay un momento angular semi-entero. Lo que hicieron Uhlenbeck y Goudsmit, fue proponer que el electrón podría tener algún movimiento adicional, es decir sugirieron que el electrón se podría comportar como una esfera giratoria de cierta carga, en vez de como una partícula, por lo cual tendría un momentum angular espín adicional y un momento magnético correspondiente, por lo que ayudaría a explicar las anomalías observadas en los niveles de energía (Young & Freedman, 2008). Por lo tanto la conclusión del experimento es que el campo magnético no homogéneo desdobla el haz atómico en dos, por lo que el Spin del electrón solo puede tener dos orientaciones respecto al campo magnético: paralelo o anti- paralelo (Alonso & Finn, 1968).

Definiendo S como el número cuántico de Spin en vez de L, y s_z el número cuántico correspondiente al eje z (tridimensional) definiéndolo con m_s, se tiene que $s = \dfrac{1}{2}$ y $m_s = \pm\dfrac{1}{2}$. Entonces:

$$S^2 = s(s+1)\hbar^2 = \frac{3}{4}\hbar^2, \quad s = \frac{1}{2}, \quad s_z = m_s\hbar, \quad m_s = \pm\frac{1}{2} \qquad (46)$$

En consecuencia los únicos valores de m permitidos son $\dfrac{1}{2} y -\dfrac{1}{2}$, los cuales corresponden a las dos posibles orientaciones de S; a estos dos resultados se les llama: Spin Up ($\uparrow$ spin para arriba) y Spin Down ($\downarrow$ spin para abajo), aunque en la realidad el Spin nunca está dirigido según el eje z u opuesto a él (Alonso & Finn, 1968).

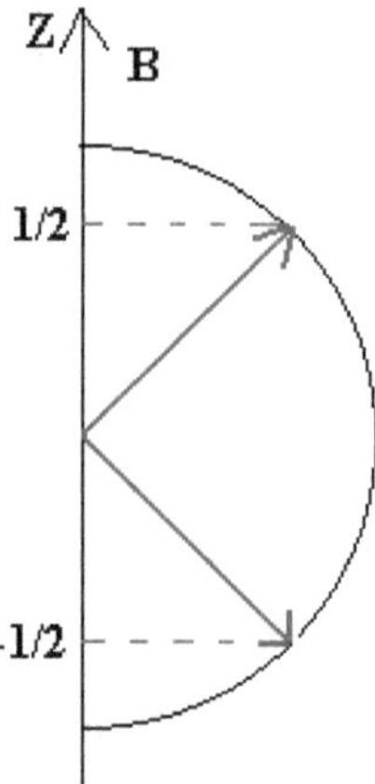

Figura 15. Valores de un Spin, respecto al eje z.

En el caso de partículas que poseen spin $\dfrac{1}{2}$, se emplean para representar estados del Spin, matrices complejas ($i = \sqrt{-1}$) de 2X2, llamadas matrices de Pauli.

Las tres matrices que constituyen la base del espacio de operadores que permiten construir una representación del algebra del spin son (Fernández & Fermín, 2008):

$$\sigma_x = \begin{pmatrix} 0 & 1 \\ 1 & 0 \end{pmatrix} \quad \sigma_y = \begin{pmatrix} 0 & -i \\ i & 0 \end{pmatrix} \quad \sigma_z = \begin{pmatrix} 1 & 0 \\ 0 & -1 \end{pmatrix} \tag{47}$$

Donde el operador está dado por:

$$\vec{S} = \frac{\hbar}{2}\vec{\sigma} = \frac{\hbar}{2}(\sigma_x, \sigma_y, \sigma_z) \tag{48}$$

Los estados de Spin del electrón propios de los operadores de Spin, reciben el nombre de Spinores ($\alpha = \begin{pmatrix} a \\ b \end{pmatrix}$), de manera que:

$$m_s = +\frac{1}{2} \quad \rightarrow \quad \alpha_{m_s = +\frac{1}{2}} = \begin{pmatrix} 1 \\ 0 \end{pmatrix} \tag{49}$$

$$m_s = -\frac{1}{2} \quad \rightarrow \quad \alpha_{m_s = -\frac{1}{2}} = \begin{pmatrix} 0 \\ 1 \end{pmatrix} \tag{50}$$

Por lo tanto, el Spin quedó asociado a la mecánica Cuántica como un postulado más, el cual es compatible con los demás postulados de la teoría pero no es una consecuencia lógica de los mismos, sino que se introduce en base a las evidencias experimentales. Actualmente, los resultados de varias prácticas experimentales tienden a indicar que él electrón podría ser una partícula puntual, por lo que se podría interpretar al Spin (en términos de modelos clásicos), como esferas de carga en rotación o cosas parecidas (Gratton, 2004).

2.2 DESIGUALDAD DE BELL Y ENTRELAZAMIENTO CUÁNTICO

Existan varios científicos que creían que la teoría de la física cuántica estaba incompleta, entre ellos estaba Albert Einstein, ya que (según él) no le permitía obtener predicciones certeras de los resultados de las mediciones (Ortiz, 2007). A Einstein le parecía errado tener que recurrir a probabilidades para poder buscar soluciones en la mecánica cuántica y no valores exactos como si se daban en la mecánica clásica, creía que había unas variables ocultas que describían el comportamiento de las partículas y a su vez, estas variables permitirían construir una teoría fundamental de la naturaleza. El problema principalmente hacia referencia al entrelazamiento cuántico (cuyos efectos fueron descritos por Einstein como "asquerosa acción a distancia" (Gratton, 2004)). Un par de partículas están entrelazadas cuando, al crearse juntas o al haber interactuado en algún momento, mantienen una especie de "conexión" o correlación, de tal forma que al saber el estado de una partícula inmediatamente se sabe el estado de la otra (Ortiz, 2007). Lo que hace, incluso a distancias muy grandes, este par de partículas interactúe sin limitarse a la velocidad de la luz, lo que contradice la teoría de la relatividad que propone que ninguna interacción mediada por partículas materiales puede transmitirse más rápido que la velocidad de la luz, por eso el entrelazamiento cuántico no era válido para Einstein.

Figura 16. Einstein, Podolsky y Rosen. Autores de la "Paradoja EPR"

En su famoso trabajo de 1937, Einstein junto a sus ayudantes Poldoski y Rosen (EPR), aportaron un argumento potente para demostrar a través de un experimento mental en el cual, se imaginaban mediciones simultáneas de momentum y posición en pares entrelazados de partículas, y lo llamaron "La Paradoja EPR".

Teniendo en cuenta que el principio de incertidumbre de Heisenberg expone que sólo es posible conocer el momentum de una partícula o la posición de ella, pero no las dos a la vez, por lo que la paradoja plantea que si dos partículas están entrelazadas, por ejemplo las partículas A y B, se podría medir la posición de la partícula A, con lo que también se sabría la posición de la partícula B; al mismo tiempo se mide el momentum en B, entonces también se sabría el momentum en A, en consecuencia se tendría información completa sobre las partículas, incumpliendo el principio de incertidumbre, estableciendo así la paradoja (Ortiz, 2007). Esto corresponde a admitir que una partícula interfiere consigo misma, que la medida no es simplemente la interacción entre los átomos del detector y el objeto (Gratton, 2004). Pero Bohr y sus seguidores argumentaron en contra de la paradoja, en cuanto a que las dos partículas realmente no formaban un sistema cuántico inseparable y que al discutir las circunstancias de una, no se podrían ignorar las mediciones realizadas a la otra (Brown, 2000).

En 1964, Jhon Bell logro demostrar que ninguna teoría de variables ocultas "local" podía reproducir todas las predicciones de la mecánica cuántica; Bell publicó unas ecuaciones matemáticas la cuales son llamadas: la Desigualdad de Bell. Según Williams & Clearwater, el físico Henry Stapp calificó como: "el descubrimiento más profundo de la ciencia" a esta desigualdad. (1998). La desigualdad de Bell establece un límite en la cantidad de correspondencia esperada entre dos partículas que interactuaron tomando como punto de partida tres supuestos:

I- La lógica es válida, es decir con una sola partícula el entrelazamiento cuántico se auto protege; no se puede mirar a la vez en dos direcciones, por lo que solo se puede comprobar resultados clásicos (Cassinello & Sanchez, 2012).

II- Existen las variables ocultas, es decir, en los experimentos hipotéticos no se pueden obtener resultados.

III- las variables ocultas son locales, es decir ningún modelo clásico conseguirá el grado de correlación que manifiestan las partículas cuánticas, por consiguiente es necesaria alguna forma de comunicación entre las partículas, por separas que estas estén, para así obtener los resultados previstos por la mecánica cuántica (Cassinello & Sanchez, 2012).

Se han realizado varios experimentos que confirman la violación de la desigualdad de Bell, esto implica que no hay teorías de variables ocultas locales para la mecánica cuántica; el hecho de que dos partículas se separen físicamente no implica que estas dejen de estar entrelazadas. En términos de los ángulos de los polarizadores, la desigualdad de Bell puede expresar de la siguiente manera:

$$\frac{1}{2}sen^2(\theta_2 - \theta_1) + \frac{1}{2}sen^2(\theta_3 - \theta_2) - \frac{1}{2}sen^2(\theta_3 - \theta_1) \geq 0$$

(51)

Esto quiere decir que si la realidad es local, esta desigualdad siempre debería ser cierta sin importar los ángulos en los que se configuran los polarizadores, es decir que sin importar el valor de los ángulos, la superficie generada por la fórmula debería ser siempre mayor o igual a cero, pero por el contrario si cualquier valor es menor que cero, esto comprobaría que la realidad es no-local (Williams & Clearwater, 1998).

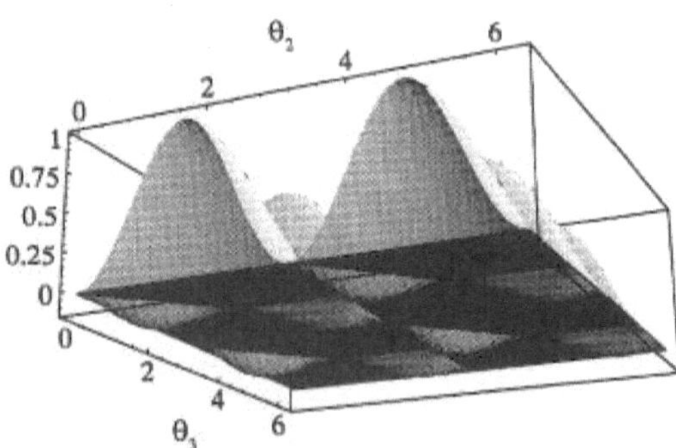

Figura 17. La desigualdad de Bell se viola con ciertas configuraciones de los polarizadores.

En la anterior figura, Williams & Clearwater muestran que con diferentes configuraciones de los polarizadores, se obtienen resultados negativos para la desigualdad (valles de las ondas), por lo que se demuestra teóricamente los valores para los cuales se produce una violación de la desigualdad y de que las correlaciones de Spin están descritas por la mecánica cuántica (1998). Por lo tanto, parece que no queda más remedio que renunciar a la idea de la localidad que plantea la paradoja EPR, por ello durante los últimos años se ha creído que la realidad admite la mecánica cuántica admite la existencia de una misteriosa acción a distancia entre medidas, a la cual se le denomino: no – localidad cuántica (Fernández & Fermín, 2008).

El concepto de entrelazamiento manifiesta que las partículas sub atómicas pueden llegar a estar tan enlazadas, tan relacionadas entre sí, que un cambio en uno de ellas se reflejaría instantáneamente en la otra, incluso aunque ambos estuvieran en extremos opuestos del universo (Aczel, 2002). Según Aczel, los entes entrelazados (partículas o fotones) están unidos entre sí porque fueron producidos por algún proceso que los ligó de una manera especial, como por ejemplo, dos fotones emitidos por el mismo átomo cuando uno de sus electrones baja dos niveles de energía están entrelazados (2002). Este estado de entrelazamiento no es más que un estado de superposición que involucran a dos o más entes, aunque estas partículas o fotones no se emiten en una dirección fija, el par siempre saldrá en direcciones opuestas entre sí, y si están ligados permanecerán siempre entrelazados. Por lo cual cuando cambia uno de ellos su contraparte cambiará instantáneamente sin importar en que región del universo estén (superando el límite de la velocidad de la luz); por ejemplo si una partícula tiene un Spin ½, su gemela tendrá un Spin - ½. Pero aunque este estado de entrelazamiento sea más rápido que la luz, aun no existe un procedimiento alguno de aprovechar esa correlación para enviar información, a su vez cualquier intento de explicar este tipo de correlaciones está condenado al fracaso (Cassinello & Sanchez, 2012). Entender el entrelazamiento es complejo, aun para los físicos más expertos en mecánica cuántica, debido a que este concepto se sale de la lógica y del sentido común, aunque experimentalmente se ha comprobado que si ocurre.

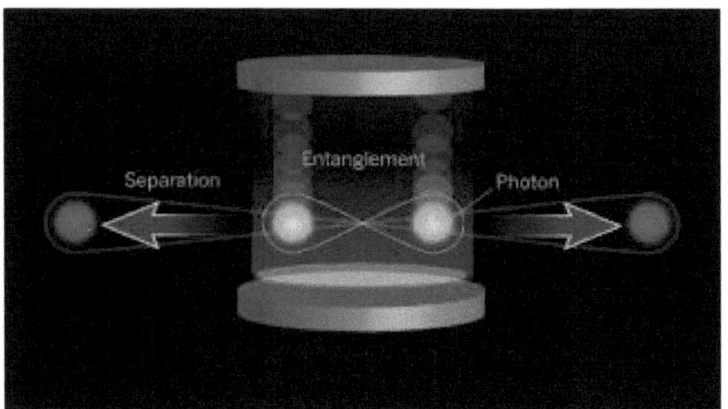

Figura 18. Dos fotones entrelazados en el laboratorio.

En el mes de Marzo del presente año, según la revista Quo, un grupo de investigadores del Instituto de Óptica e Información Cuántica de la Universidad de Viena y de la Universidad Autónoma de Barcelona han logrado un nuevo hito en la física cuántica, fueron capaces de entrelazar tres fotones, partículas de luz en una propiedad cuántica relacionada con su estructura de función de onda[19]. Según esta misma revista, este descubrimiento además de servir como aporte experimental para el estudio del entrelazamiento cuántico, tiene aplicaciones que van desde la informática a la criptografía cuántica. Por lo tanto, este concepto de la mecánica cuántica, así como los anteriormente descritos y presentados en estas secciones, forman las bases para la construcción y posible aplicación de la informática cuántica.

---

[19] QUO. [En línea] (http://www.quo.es/ciencia/logran-entrelazar-tres-fotones-en-tres-dimensiones). Consultado el 19 de Marzo del 2020.

CAPÍTULO 3. LA TEORÍA CUÁNTICA DE LA INFORMACIÓN

En los últimos años se ha ido descubriendo las potencialidades prácticas de la mecánica cuántica, tales como el colapso de la función de onda y el entrelazamiento cuántico, concepto que altero el escenario de las aplicaciones de esta rama de la física moderna. Estos fundamentos aplicados a la tecnología empezaron a ser tenidos en cuenta cuando se vio las aplicaciones que tienen en la informática, computación y criptografía cuántica; aunque cabe resaltar que desde el perfeccionamiento de los láseres se hizo posible llevar al laboratorio las sutilezas cuánticas (Cassinello & Sánchez, 2012). Según Cassinello & Sánchez, los conceptos de mecánica cuántica se unieron a la teoría de las ciencias de la computación y de la información, junto con la óptica cuántica crearon un nuevo campo de aplicación de la mecánica cuántica: el paradigma de la informática cuántica, el cual se considera muy prometedor debido a los grandes aportes que están haciendo diferentes empresas informáticas y de inteligencia militar en su investigación (2012). Tal y como lo manifiesta Michio Kaku:

"…la informática cuántica es tan potente que la CIA (Central Intelligence Agency) ha estado examinando su potencial para descifrar códigos…a través de la informática clásica, se pueden tardar siglos en descifrar un código de seguridad, sin embargo a través de la informática cuántica, en un principio se puede descifrar sin ningún esfuerzo cualquiera de esos códigos" (2014).

Una de las principales motivaciones para el trabajo en la informática cuántica es la utilización de algoritmos cuántico, los cuales resuelven un problema de cálculo de una manera mucho más rápida. En los últimos años se han realizado progresos significativos, pero aún no se conoce los alcances que podría tener cuando se comience a implementar la informática cuántica en la tecnología, sin embrago, lo que es interesante es que se han utilizado la teoría de la informática cuántica para probar una variedad de teoremas sobre informática y algoritmos clásicos, por ejemplo, se han podido encontrar resultados en cuanto a la dificultad de localizar ciertos vectores ocultos en una red discreta de puntos; la característica más destacada de estas pruebas, es que utilizando las ideas de la informática cuántica, en muchas ocasiones son considerablemente más simples y más elegantes que las pruebas usando la informática clásica (Nielsen & Chuang, 2010).

Figura 19. Diagrama del algoritmo cuántico de estimación de fase de KITAEV.

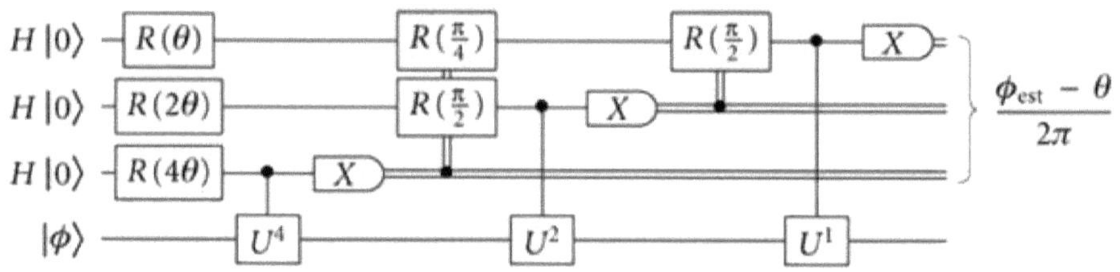

Fuente: Recuperado de [En línea]
(http://www.nature.com/nature/journal/v450/n7168/fig_tab/nature06257_F1.html). Consultado el 23 de Marzo del 2016.

Mientras que clásicamente la información se opera a través de bits, la informática cuántica utiliza los quantum bits o qubit, la diferencia radica en que en vez de permutar entre los estados 0 o 1 de un bit, el qubit involucra una combinación lineal de los dos estados hasta el momento en que se haga la lectura final o se visualice la información, es decir al contrario de un bit, el qubit involucra la superposición de dos estados combinados $|0\rangle + |1\rangle$, por lo tanto se procesa todos los estados posibles de una sola vez, lo que proporciona soluciones simultaneas para todas las combinaciones (Toma, 2009).

3.1 EL QUBIT

Como se mencionó anteriormente, un bit es la mínima unidad de información en la informática clásica, para representar esta unidad se utiliza la presencia o ausencia de miles de millones de electrones en un transistor de silicio (Oskin et al., 2001). Un bit puede contener dos valores distintos que se representan con un 0 o un 1 respectivamente, por tal motivo con n bits se tendría 2^n valores distintos representados en una sucesión lineal de 0 y 1 alternados. Según Moret, este bit se puede representar como un elemento del conjunto $V = \{0,1\}$, por lo tanto una cadena de n-bits se puede considerar como un elemento del siguiente producto cartesiano:

$$V^n = V_1 x V_2 ... x V_n \tag{52}$$

A través de esta cadena de n-bits se puede representar cualquier información utilizando un mecanismo de decodificación (2013), estas cadenas de n-bits se representan por α, las cuales se manipulan o modifican a través de algoritmos los cuales generan otra cadena de n-bits representadas por β usando como lógica la máquina de Turing; esto se puede simbolizar a través de la función booleana:

$$V^n \rightarrow V^n / f(\alpha) = \beta \tag{53}$$

En analogía con el bit, el qubit (o también llamado quantum bit) es la mínima unidad usada en la informática cuántica, según Prieto el término de qubit se atribuye a un artículo de Benjamín Schumacher que describía una forma de comprimir la información en un estado y de almacenar la información en el número más pequeño de estados (2015).

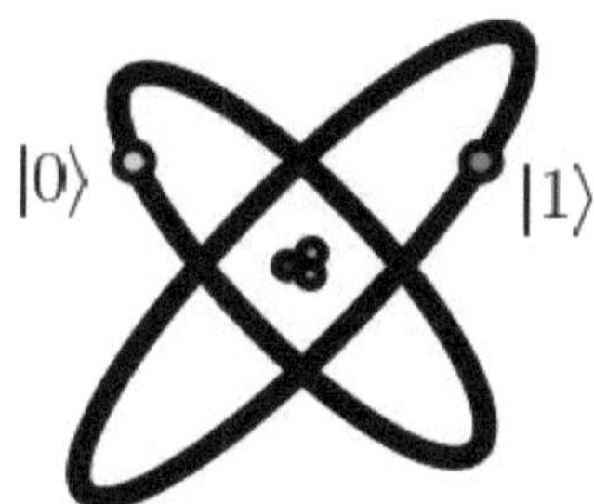

Figura 20. Qubit representado por dos niveles de electrones en un átomo.

El estado de un qubit se puede representar como un $|0\rangle$ y un $|1\rangle$ respectivamente, revelando su sistema cuántico de dos estados a través del spin de un electrón; en el valor del spin − (1/2) se representa por el estado $|0\rangle$ y el valor del spin + (1/2) se asigna el estado $|1\rangle$ (Nielsen, M. & Chuang, 2010). Esto quiere decir que un vector de "n" qubit representa a la vez 2^n estados (en un estado de superposición cuántica), mientras que un bit clásico puede estar sólo en uno de esos 2^n estados en un único instante tal y como lo representa la figura No 20. Esto implica un aumento exponencial en la capacidad de procesamiento no solo de las memorias o dispositivos de almacenamiento, sino además en todos los componentes de un sistema informático y el tiempo de ejecución de un algoritmo, programa o procesamiento de la información. Aunque como lo manifiesta Terán, para leer el resultado de una cadena de n-qubits, los qubits deben ser medidos, lo cual hace que el qubit tome un valor particular y se destruya el estado de decoherencia cuántica (2012).

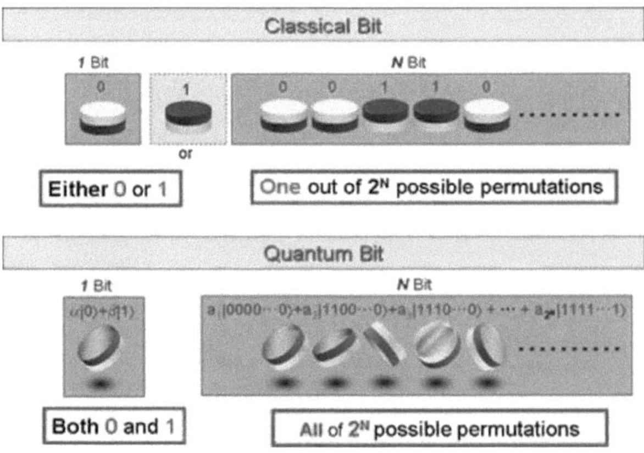

Figura 21. Estados de un bit y un Qubit.

Para representar las diferentes operaciones que se hacen sobre un qubit, se usa el concepto de la "esfera de Bloch", la cual es una representación geométrica del espacio de estados puros de un sistema cuántico, la cual se representa por una esfera de radio R^3 (Terán, 2012). Cada pareja de puntos ubicados en el diámetro de la esfera y opuestos entre si corresponden a dos estados ortonormales (la distancia entre estos dos puntos es de 2) en el espacio de Hilbert[20]. Según Nielsen, M. &

---

[20] El espacio de Hilbert se define matemáticamente como una generalización del concepto del espacio Euclideo. Ejemplos de tales espacios son: ortogonalidad, distancia entre vectores, proyección ortogonal, convergencia de una sucesión entre otros. Los espacios de Hilbert sirven para clarificar y para generalizar el concepto de series de Fourier. (Apostol, 1981).

Chuang uno de los usos de esta esfera, es la de poder visualizar la acción de diferentes compuertas lógicas en la informática cuántica o la evolución temporal del estado de un sistema de dos niveles descrito por un operador Hamiltoniano, por lo cual se debe estudiar las acciones de una matriz unitaria de 2X2 las cuales se pueden descomponer como un producto de operadores de rotación[21] del spin; es decir, se asocia un punto sobre la esfera de Bloch al eje de rotación en el ángulo de giro a través del spin.

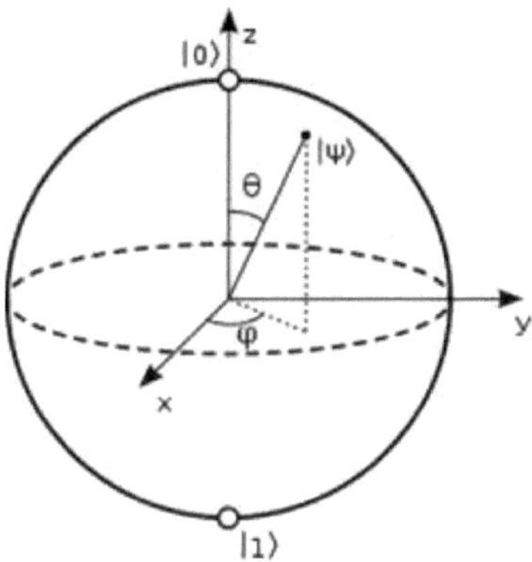

Figura 22. Esfera de Bloch.

Para poder definir las operaciones sobre el elemento básico de la informática cuántica el qubit, se debe tener en cuenta que existen múltiples condiciones dependiendo si este elemento está aislado o en interacción con otros qubits (estado múltiple), por consiguiente se debe especificar el tipo de operaciones dependiendo de su estado.

3.1.1 OPERACIONES SOBRE UN QUBIT AISLADO

Como se mencionó anteriormente, el qubit es un elemento del espacio de Hilbert el cual se puede representar a través de la esfera de Bloch, a su vez sus múltiples estados pueden elegirse en una representación vectorial tal como es:

---

[21] Se define por un eje y un ángulo de giro.

$$|0\rangle = \begin{pmatrix} 1 \\ 0 \end{pmatrix} \quad Y \quad |1\rangle = \begin{pmatrix} 0 \\ 1 \end{pmatrix} \tag{54}$$

Cabe recordar que estos dos estados vectoriales son ortonormales, por lo que usando el producto escalar $\langle x | y \rangle$ definido en el espacio de Hilbert, los vectores base se comportan de la siguiente manera (Moret, 2013):

$$\langle 0 | 0 \rangle = \langle 1 | 1 \rangle = 1 \quad Y \quad \langle 0 | 1 \rangle = \langle 1 | 0 \rangle = 0 \tag{55}$$

Según Moret, un qubit en general se representa como una superposición (o combinación lineal) de los estados básicos $|0\rangle$ y $|1\rangle$ tal que se representa por el vector:

$$|\psi\rangle = \alpha |0\rangle + \beta |1\rangle \tag{56}$$

O también

$$|\psi\rangle = \alpha \begin{pmatrix} 1 \\ 0 \end{pmatrix} + \beta \begin{pmatrix} 0 \\ 1 \end{pmatrix} \tag{57}$$

Donde las amplitudes de probabilidad α y β son en general números complejos (2013). A su vez, los cuadrados de estos valores de amplitud de probabilidad satisfacen la condición de la mecánica cuántica que asegura que en la medición se debe obtener un estado o el otro de tal forma que (Nielsen, M. & Chuang, 2010):

$$|\alpha|^2 + |\beta|^2 = 1 \tag{58}$$

Además cada qubit se puede representar en la esfera de Bloch a través del cambio de coordenadas de la siguiente manera (Hecht, 2005):

$$\alpha = \cos\left(\frac{\theta}{2}\right) \quad Y \quad \beta = e^{(i\varphi)}sen\left(\frac{\theta}{2}\right) \tag{59}$$

Por lo tanto las compuertas lógicas deben conservar las anteriores condiciones y por consiguiente deben ser operadores matriciales unitarios[22] llamados operadores de matrices de Pauli de 2X2. Las más importantes y usadas en las compuertas lógicas son las siguientes matrices de Pauli[23] (Nielsen, M. & Chuang, 2010):

$$X \equiv \begin{pmatrix} 0 & 1 \\ 1 & 0 \end{pmatrix}; Y \equiv \begin{pmatrix} 0 & -i \\ i & 0 \end{pmatrix}; Z \equiv \begin{pmatrix} 1 & 0 \\ 0 & -1 \end{pmatrix} \tag{60}$$

Además de los siguientes operadores matriciales o compuertas cuánticas que se denotan (Nielsen, M. & Chuang, 2010):

$$H \equiv \frac{1}{\sqrt{2}}\begin{pmatrix} 1 & 1 \\ 1 & -1 \end{pmatrix}; S \equiv \begin{pmatrix} 1 & 0 \\ 0 & -i \end{pmatrix}; T \equiv \begin{pmatrix} 1 & 0 \\ 0 & e^{(i\pi/4)} \end{pmatrix} \tag{61}$$

H: Puerta cuántica de Hadamard.
S: Puerta cuántica de Fase.
T: Puerta cuántica $\pi/8$.

Estas compuertas cuánticas se relacionan con las matrices de Pauli usando las siguientes ecuaciones:

$$H = (X + Z)/\sqrt{2}; \quad S = T^2 \tag{62}$$

Para generar las respectivas rotaciones de un qubit como esfera de Bloch, los operadores de rotación alrededor de los ejes en R^3 se representan a partir de las

---

[22] Son unitarios por que poseen un único qubit de entrada y un único qubit de salida.
[23] Ver ecuación (2) del apartado 3.2.1.8

siguientes matrices de Pauli exponencidas (Nielsen, M. & Chuang, 2010):

$$R_x(\theta) \equiv \begin{pmatrix} \cos\left(\dfrac{\theta}{2}\right) & -isen\left(\dfrac{\theta}{2}\right) \\ -isen\left(\dfrac{\theta}{2}\right) & \cos\left(\dfrac{\theta}{2}\right) \end{pmatrix}$$

$$R_y(\theta) \equiv \begin{pmatrix} \cos\left(\dfrac{\theta}{2}\right) & -sen\left(\dfrac{\theta}{2}\right) \\ sen\left(\dfrac{\theta}{2}\right) & \cos\left(\dfrac{\theta}{2}\right) \end{pmatrix} \tag{63}$$

$$R_z(\theta) \equiv \begin{pmatrix} e^{(-i\theta/2)} & 0 \\ 0 & e^{(i\theta/2)} \end{pmatrix}$$

Según Hecht, si un qubit de tres dimensiones que cumple las condiciones anteriormente presentadas, se le aplica uno de los operadores de rotación con un cierto ángulo θ, el vector del qubit rota alrededor del eje correspondiente en θ grados (2005).

Hadamard	$-\boxed{H}-$	$\dfrac{1}{\sqrt{2}}\begin{bmatrix} 1 & 1 \\ 1 & -1 \end{bmatrix}$
Pauli-X	$-\boxed{X}-$	$\begin{bmatrix} 0 & 1 \\ 1 & 0 \end{bmatrix}$
Pauli-Y	$-\boxed{Y}-$	$\begin{bmatrix} 0 & -i \\ i & 0 \end{bmatrix}$
Pauli-Z	$-\boxed{Z}-$	$\begin{bmatrix} 1 & 0 \\ 0 & -1 \end{bmatrix}$
Phase	$-\boxed{S}-$	$\begin{bmatrix} 1 & 0 \\ 0 & i \end{bmatrix}$
$\pi/8$	$-\boxed{T}-$	$\begin{bmatrix} 1 & 0 \\ 0 & e^{i\pi/4} \end{bmatrix}$

Figura 23. Nombres, símbolos y matrices unitarias para las compuertas cuánticas comunes en qubits aislados.

En resumen, las propiedades básicas de lógica en la informática cuántica para qubits aislados son (Hecht, 2005):

- El tiempo evoluciona de izquierda a derecha
- Las conexiones simples representan qubits
- Un "/" representa un conjunto de qubits (ver figura No 22).

3.1.2 OPERACIONES SOBRE MÚLTIPLES QUBITS

Ahora para múltiples qubits, el estado de un conjunto de n-qubits se define como el producto tensorial (definido con el símbolo "$\otimes$") de los n qubits individuales (Sicard & Velez, 1999). Para el caso de 2 qubits o 2-qubits se determina la dimensión del espacio como $2^2=4$ (cuatro dimensiones o R^4) y se define:

$$\left| u_i \right\rangle \otimes \left| v_i \right\rangle = \left| u_i , v_i \right\rangle \tag{64}$$

Como i y j equivalen a 0 y 1 respectivamente, la anterior ecuación se puede representar como:

$$\left| u_0 \right\rangle = \left| 0 \right\rangle; \ \left| u_1 \right\rangle = \left| 1 \right\rangle, \ \left| v_0 \right\rangle = \left| 0 \right\rangle; \ \left| v_1 \right\rangle = \left| 1 \right\rangle \tag{65}$$

Las anteriores ecuaciones permiten definir la base del espacio estado de cuatro dimensiones o R^4 como:

$$\left\{ \left| 0 \right\rangle \otimes \left| 0 \right\rangle, \left| 0 \right\rangle \otimes \left| 1 \right\rangle, \left| 1 \right\rangle \otimes \left| 0 \right\rangle, \left| 1 \right\rangle \otimes \left| 1 \right\rangle \right\} \tag{66}$$

O como la ecuación equivalente:

$$\left\{ \left| 0,0 \right\rangle, \left| 0,1 \right\rangle, \left| 1,0 \right\rangle, \left| 1,1 \right\rangle \right\} \tag{67}$$

Generalizando estas ecuaciones para 2-quibits, se representa:

$$\left| x_1, x_2 \right\rangle = \left| x_1 \right\rangle \otimes \left| x_2 \right\rangle \tag{68}$$

Donde $\left| x_1 \right\rangle$ representa el primer qubit, y $\left| x_2 \right\rangle$ representa el segundo qubit. Estos qubits permiten formar la superposición lineal de los cuatro elementos de la base (Sicard & Velez, 1999) de la forma:

$$\left| x_1, x_2 \right\rangle = a_0 \left| 0,0 \right\rangle + a_1 \left| 0,1 \right\rangle + a_2 \left| 1,0 \right\rangle + a_3 \left| 1,1 \right\rangle \tag{69}$$

Donde a_0, a_1, a_2, a_3 son números complejos, de tal forma que se puede representar a través de la sumatoria:

$$\sum_{i=0}^{2^2-1} \left| a_i \right|^2 = 1 \tag{70}$$

Generalizando el espacio para n-qubits en un espacio de 2^n dimensiones, se representa de la siguiente forma:

$$\left\{ \left| 0 \right\rangle, \left| 1 \right\rangle, \left| 2 \right\rangle ... \left| 2^n - 1 \right\rangle \right\} \tag{71}$$

Análogamente con la ecuación (5), para n-qubits la ecuación generalizada quedaría (Nielsen, M. & Chuang, 2010):

$$\left| x_1, x_2 ..., x_n \right\rangle = \left| x_1 \right\rangle \otimes \left| x_2 \right\rangle ... \otimes \left| x_n \right\rangle \tag{72}$$

Donde x_n representa el n-esimo qubit y esta dado por la superposición lineal de los 2^n elementos de la base (Sicard & Velez, 1999):

$$\left| x_1, x_2 ..., x_n \right\rangle = \sum_{i=0}^{2^n-1} a_i \left| i \right\rangle \qquad (73)$$

Tal que $a_0, a_1, ... a_{n-1}$ son números complejos y se cumple la condición a través de la sumatoria:

$$\sum_{i=0}^{2^n-1} \left| a_i \right|^2 = 1 \qquad (74)$$

Figura 24. Representación en forma de circuito de la compuerta múltiple CNOT

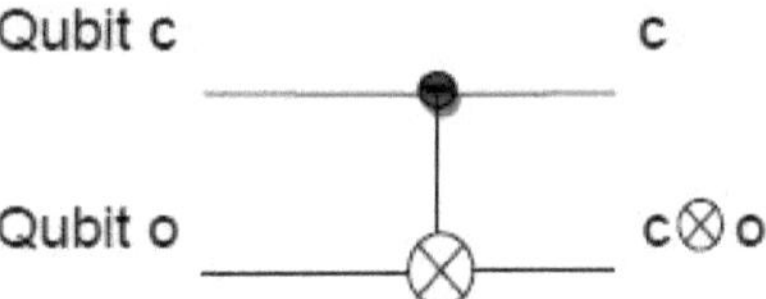

Fuente: Bondades de las comunicaciones cuánticas. Chetzyl & Estrada. 2010

Para los múltiples qubits o n-qubits existe un tipo de compuerta múltiple llamada compuerta CNOT (compuerta controlada-NOT), según Chetzyl & Estrada se define como múltiple debido a que entran 2 qubits a ella, uno de ellos se conoce como qubit de control (c) y el otro se conoce como qubit objetivo (o) (2010), se representa como ese muestra en la figura No 23. Esta compuerta múltiple opera de la siguiente manera:

- Si el qubit de control es 0, el qubit original permanece en su estado original.

- Si el qubit de control es 1, el qubit objetivo cambiara su estado (Chetzyl & Estrada, 2010).

Lo anterior se representa con el siguiente esquema:

$$|0,0\rangle \rightarrow |0,0\rangle$$
$$|0,1\rangle \rightarrow |0,1\rangle$$
$$|1,0\rangle \rightarrow |1,1\rangle$$
$$|1,1\rangle \rightarrow |1,0\rangle$$

Como siempre se usa matrices unitarias se puede encontrar la inversa de esa misma matriz, por lo tanto se define que una compuerta que actúa sobre un qubit efectúa una operación reversible (Darwish, 2012), lo que permite que a partir de la salida de un valor es posible obtener la entrada de ese mismo valor, por ello se habla que la informática cuántica es reversible. Según Darwish, la compuerta múltiple CNOT es reversible dado que en la salida se tiene información suficiente para reconstruir la entrada (2012), por consiguiente esta compuerta puede: simular compuertas lógicas AND y OR, usar e invertir todas las operaciones usadas en la informática cuántica.

3.2 ALGORITMOS DE BÚSQUEDA CUÁNTICOS

Existen muchos problemas de las ciencias exactas, naturales de la ingeniería etc…que son prácticamente imposible de resolver o calcular usando los métodos de computación e información clásicos, como por ejemplo el cálculo de todas las variables para predecir el clima, terremotos, operaciones matemáticas extensas; esto no ocurre porque este tipo de problemas no tiene solución, si no que los recursos para poder resolverlos son tantos que resultan imposibles con los actuales procesos de computación. Tal y como lo menciona Hecht:

"La promesa espectacular de la informática cuántica, consiste en el desarrollo de un conjunto de nuevos algoritmos que vuelven realizables problemas que requieren recursos exorbitantes para su resolución en el método tradicional de la información" (2005).

Un algoritmo cuántico funciona con el modelo funcional de la informática cuántica a través de un mecanismo que manipula n-qubits, por lo que un algoritmo cuántico es una secuencia finita de compuertas cuánticas que dan como resultados una serie de medidas cuánticas (Moret, 2013).

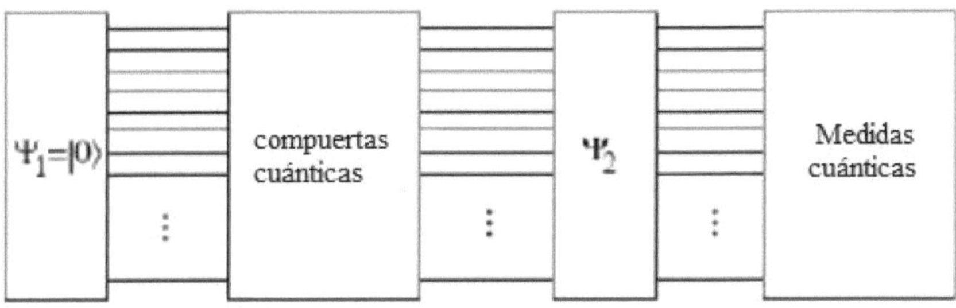

Figura 25. Modelo funcional del algoritmo cuántico

Actualmente se han construido una serie de algoritmos cuánticos los cuales permiten que se cumpla la promesa mencionada por Hecht. Existen dos clases de algoritmos cuánticos los cuales tienen las siguientes características: Algoritmos basados en la transformada de Fourier cuántica (TFQ[24]) y los algoritmos de búsqueda cuántica (Nielsen & Chuang, 2010). Estos algoritmos permiten que el tiempo de búsqueda de la información o de la resolución de problemas sea de orden exponencial a comparación de los algoritmos tradicionales, debido a que los qubits son capaces de "trabajar" en paralelo con una cantidad de recursos que no sería suficiente en el caso de los bits tradicionales. Nielsen & Chuang (2010) y Terán (2012) clasifican los algoritmos cuánticos según las siguientes características:

Algoritmos basados en la transformada de Fourier cuántica (TFQ):

---

[24] Según Terán la transformada de Fourier cuántica aparece de manera natural en la mecánica cuántica (2012).

- Usan un operador unitario

- Puede describirse como un circuito cuántico.

- Basados en la teoría de grupos finitos.

- La mayoría de los algoritmos cuánticos son basados en TFQ: Algoritmo de Deutsch (1992), de Simon (1994), algoritmo de factorización de Shor (1994), algoritmo de búsqueda de Grover (1996), códigos correctores de errores cuánticos de Shor (1994), entre otros.

Algoritmos de búsqueda:

- Se basan en problemas de búsqueda no estructurada, es decir complejidad para un espacio de medida N.

- Se especifican en tipos de problemas como son: problemas de ordenación, búsqueda en una base de datos, problema de factorización de enteros, algoritmo de Hogg (1996-2001), algoritmo de búsqueda de Grover junto con sus extensiones (1996), algoritmo de Brassard (1998) entre otros.

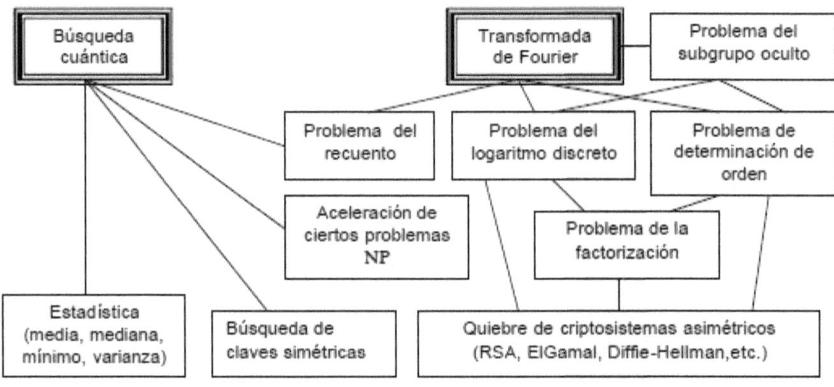

Figura 26.   Clasificación de algoritmos cuánticos y sus aplicaciones.

Por otro lado Terán menciona una tercera clase de algoritmos llamada la "simulación cuántica", la cual tiene las siguientes características:

- Primera aplicación de la computación y la informática cuántica.
- Poseen 2^n números complejos en computadoras clásicas.
- Tiene aplicaciones importantes de la simulación como por ejemplo, la simulación de moléculas grandes en química cuántica, a su vez es el método más general de aplicación para los algoritmos cuánticos (2012).

El motivo de que existan pocos desarrollos en algoritmos cuánticos los cuales sean superiores a los algoritmos clásicos se debe a que construir un algoritmo de este tipo es un problema complejo. Nielsen & Chuang mencionan dos razones que explican el porqué de esta complejidad:

- El diseño de un algoritmo cuántico es complejo hasta para problemas simples como es por ejemplo la multiplicación de dos números, además para poder ser usado debe superar un algoritmo clásico y no tener menor nivel de optimización o igual.

- Por otro lado la intuición humana está adaptada las leyes de la física clásica, se requiere una visión que supere esta intuición para así poder entender las leyes de la mecánica cuántica y aplicarlas a la teoría de la información cuántica.

Entre los algoritmos más comúnmente usados en la informática cuántica se encuentran los siguientes: El algoritmo de Shor, el algoritmo de Grover, el algoritmo de Deutsch – Jozsa y el algoritmo de Simon. Pero antes de profundizar en cada algoritmo anteriormente mencionado, se debe aclarar los conceptos de paralelismo cuántico y la Transformada cuántica de Fourier.

3.2.1 PARALELISMO CUÁNTICO

El paralelismo cuántico es una característica fundamental de algunos de los algoritmos cuánticos, y es el principal responsable del enorme potencial del cómputo de la información comparado con el procesamiento de datos de la informática clásica. Este concepto permite que se evalué una función $f(x)$ para múltiples valores de x en forma paralela (Nielsen & Chuang, 2010).

Un ejemplo de la aplicación de este concepto es el siguiente. Se define una función con un bit como dominio y rango $f(x):\{0,1\}\rightarrow\{0,1\}$. Ahora se precisa una transformación U_f definida por la operación $|x,y\rangle\rightarrow|x,y\otimes f(X)\rangle$. Si se simboliza la anterior transformación en un circuito como una caja negra[25], quedaría de la siguiente manera:

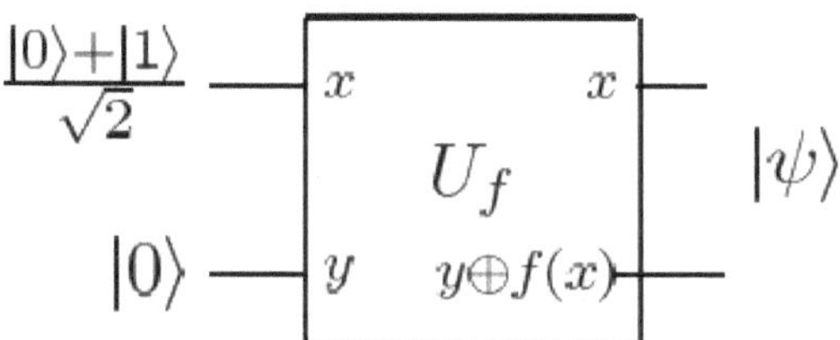

Figura 27. Circuito cuántico de evaluación paralela Uf de $f(o)$ y $f(1)$.

En este circuito de evaluación paralela U_f se crea una base de superposición $\dfrac{(|0\rangle+|1\rangle)}{\sqrt{2}}$ sobre $|0\rangle$ a través de una puerta de Hadamard[26], para lo cual la transformada U_f quedaría en el estado:

$$U_f\left(\left|\frac{|0\rangle+|1\rangle}{\sqrt{2}},|0\rangle\right\rangle\right)\rightarrow\left(\left|\frac{|0,f(0)\rangle+|1,f(1)\rangle}{\sqrt{2}}\right\rangle\right) \qquad (75)$$

---

[25] Según Cuellar se entiende como una operación muchas veces desconocida donde ingresan valores que generan un resultado (2014).

[26] O puerta H, esta puerta opera sobre un único qubit. Se asigna el estado base $|0\rangle$ a $\dfrac{(|0\rangle+|1\rangle)}{\sqrt{2}}$ y $|1\rangle$ a $\dfrac{(|0\rangle-|1\rangle)}{\sqrt{2}}$, representa una rotación de π sobre los ejes x y z

El estado de superposición es evidente debido a que en un solo qubit $|0\rangle$ (en este caso) se evalúan los dos posibles valores $f(0)$ y $f(1)$, es decir se tiene la información tanto $f(0)$ como $f(1)$ al mismo tiempo. Es como si se evaluaran f (x) para dos valores de x simultáneamente, una característica conocida como paralelismo cuántico; a diferencia de los algoritmos en paralelos clásicos, en este caso se emplea un solo circuito de f (x) para evaluar la función de múltiples valores de x de manera simultánea, mediante el aprovechamiento del qubit el cual puede estar en superposiciones de diferentes estados.

Este procedimiento se puede generalizar para un estado de n-qubits a través de la puerta de Hadamard o también conocida como Walsh – Hadamard, la cual permite que se apliquen n compuertas H en paralelo (Nielsen & Chuang, 2010). Por ejemplo para el caso de entrada de 2-qubits, los estados serian:

$$|00\rangle \xrightarrow{H\otimes 2} \left(\frac{|0\rangle+|1\rangle}{\sqrt{2}}\right)\otimes\left(\frac{|0\rangle+|1\rangle}{\sqrt{2}}\right)= \qquad (76)$$

$$\frac{|00\rangle+|01\rangle+|10\rangle+|11\rangle}{2} \qquad (77)$$

Generalizando para n-qubits de entrada, el estado de salida será:

$$H^{\otimes n} = \frac{1}{\sqrt{2^n}}\sum_x |x\rangle|f(x)\rangle \qquad (78)$$

Donde la sumatoria contiene todos los posibles estados cuánticos del conjunto de n-qubits, usando n compuertas lógicas a través de la transformada de Hadamard lo que genera una gran eficiencia a comparación del proceso en un algoritmo clásico (Hecht, 2005).

Para Nielsen & Chuang la informática cuántica requiere algo más que el paralelismo cuántico para ser útil; ellos manifiestan que requiere la capacidad para extraer información sobre más de un valor de f (x) a partir de estados de superposición $\sum_x |x\rangle |f(x)\rangle$ para ello se usa transformada cuántica de Fourier (2010).

3.2.2 LA TRANSFORMADA CUANTICA DE FOURIER

Hasta el momento se ha presentado el uso de una de las ventajas de la informática cuántica la cual es la puerta de Hadamard, esta puerta es un caso de la transformada cuántica de Fourier, donde se define el estado se superposición:

$$\sum_{x=0}^{N-1} |x\rangle |f(x)\rangle \to \sum_{y=0}^{N-1} |y\rangle |\overline{f}(y)\rangle \tag{79}$$

Con $\overline{f}(y)$ equivalente a:

$$\overline{f}(y) = \frac{1}{\sqrt{N}} \sum_{x=0}^{N-1} e^{\frac{2\pi i x y}{N}} f(x) \tag{80}$$

Derivando los estados anteriores, se aplícala transformación unitaria NXN, para las componentes x y y:

$$U_{F_N} |x\rangle = \frac{1}{\sqrt{N}} \sum_{x=0}^{N-1} e^{\frac{2\pi i x y}{N}} |y\rangle \tag{81}$$

Donde $y_k = \frac{1}{\sqrt{N}} \sum_{j=0}^{N-1} e^{\frac{2\pi i j k}{N}} X_j$ se conoce como la transformada discreta de Fourier[27] con componentes i y j.

---

[27] O también llamada transformada rápida de Fourier, se describe como la transformación de un grupo de $x_0, x_1 \ldots, x_{N-1}$ de N números complejos en otro conjunto de $y_0, y_1 \ldots, y_{N-1}$ de N conjuntos de números complejos.

Según Hecht esta transformación es unitaria y realizable a través de un circuito cuántico (2005). Si se describe esta transformada como en el estado de superposición (3) de la anterior sección y simbolizando la componente x por j y la componente y por k, esta transformada quedaría expresada como:

$$\sum_{j=0}^{2^n-1} x_j \,|j\rangle \rightarrow \frac{1}{\sqrt{2^n}} \sum_{k=0}^{2^n-1} \left[\sum_{j=0}^{2^n-1} e^{\frac{2\pi ijk}{2^n}} x_j \right] |k\rangle = \tag{82}$$

$$\sum_{k=0}^{2^n-1} y_k \,|k\rangle \tag{83}$$

Realizando la transformación de del estado $\sum_{j=0}^{2^n-1} x_j |j\rangle$ por el estado $\sum_{k=0}^{2^n-1} y_k |k\rangle$. Por lo tanto se puede realizar la transformada cuántica de Fourier sobre N como 2^n elementos en paralelo a través de un circuito cuántico, mientras que en un circuito clásico se requiere $N\log_2 N = n2^n$ pasos para poder hacer la transformación lo que representa que en un circuito cuántico la aceleración aumenta exponencialmente. Este circuito se basa en la transformación U_f operando sobre N estados transformados por la puerta Hadamard (Hecht, 2005). Debido a lo anterior Hecht (2005), Nielsen & Chuang (2010) y Moret (2013) mencionan las siguientes diferencias entre la informática cuántica y el método clásico de la informática:

- Los circuitos cuánticos son reversibles debido a que los operadores cuánticos son unitarios, por consiguiente no hay compuertas AND u OR.

- Los algoritmos cuánticos son lineales, por lo que no admiten bucles.

- Como no hay circuitos FANOUT o COPY, los estados cuánticos no se pueden clonar.

- Los circuitos cuánticos trabajan en estados de superposición, es decir son inermemente paralelos.

A continuación se describirán los algoritmos más comúnmente usados basados
en los algoritmos de búsqueda cuántica (algoritmo de Grover) y los algoritmos
basados en la transformada cuántica de Fourier (algoritmos de Grover, de Shor y
Deutsch – Jozsa), estos algoritmos como todos los algoritmos cuánticos son
probabilísticos.

3.2.3 EL ALGORITMO DE GROVER (ALGORITMO DE BÚSQUEDA)

Este algoritmo fue propuesto por Lov K. Grover en el año de 1996, y se define
como un algoritmo cuántico para la búsqueda en una secuencia no ordenada de
varios datos con N componentes en un tiempo definido como $O(N^{1/2})$ y con una
adicional necesidad de espacio de almacenamiento definido por $O(\log N)$ (Grover,
2001).

En el método normal de búsqueda de cualquier dato si existe una secuencia
desordenada de los mismos se debe realizar una inspección línea por línea el cual
tardaría un tiempo definido por $O(N)$, teniendo en cuenta que el algoritmo de Grover
tardaría un tiempo definido por $O(N^{1/2})$ se manifiesta que este algoritmo es una
mejora bastante sustancial, evitando a su vez la necesidad previa de una ordenación
e inspección lineal. Como lo menciona Terán la ganancia obtenida es "solo" de la
raíz cuadrada, lo que podría contrastar con otras mejoras de los algoritmos
cuánticos que obtienen mejoras de forma exponencial sobre los algoritmos clásicos
(2012).

Figura 28. Lov K. Grover creador del algoritmo que lleva su apellido.

Este algoritmo es de carácter probabilístico al igual que todos los algoritmos que se rigen por las leyes de la mecánica cuántica, por lo que genera una respuesta o resultado correcto (output) con un margen de probabilidad de error, el cual se puede minimizar a través de una cantidad de iteraciones. Aunque el propósito del algoritmo es una búsqueda secuencial, se podría describir como la inversión de una función (Nielsen & Chuang, 2010), por lo tanto si se tiene la función definida por $y = f(x)$ este algoritmo permite calcular el valor de la variable x, cuando se ingresa el valor de entrada y (input). Cuando se menciona la inversión de una función esto hace referencia a la relación que hay con la búsqueda en una secuencia siempre y cuando se considera que la misma función produce un valor de y como la posición ocupada por la variable x en la misma secuencia. Este algoritmo se puede usar para calcular el promedio y la mediana de un grupo o conjunto de números y de datos, al igual que cualquier problema que sea similar a estos cálculos. Los pasos o iteraciones del algoritmo de Grover son los siguientes (Grover, 1996):

1. Inicializar el sistema al estado $|s\rangle = \dfrac{1}{\sqrt{N}} \sum_x |x\rangle$.

2. Realizar la siguiente iteración r(N) veces, donde la función r(N) se describe posteriormente.

3. Aplicar el operador U_w. Con $U_w|w\rangle = -|w\rangle$ y $U_w|x\rangle = |x\rangle$ para todo $x \neq w$.

4. Aplicar el operador $U_s = 2|s\rangle\langle s| - 1$.

5. Realizar la medida Ω. Esta medida corresponderá al valor $\lambda\omega$ con una cierta probabilidad que se puede aproximar a 1 para un cierto N >>1. A partir de $\lambda\omega$ se puede obtener ω.

Después de aplicar los operadores U_ω y U_s, la amplitud del elemento buscado se ve incrementado, por lo que esto se define como una iteración de Grover (Terán, 2012).

Ahora consideres el plano definido por $|s\rangle$ y $|\omega\rangle$, sea $|\omega*\rangle$ [28]perpendicular a $|\omega\rangle$, por lo que $|\omega\rangle$ es uno de los vectores base obteniendo:

$$\langle\omega|s\rangle = \frac{1}{\sqrt{N}} \tag{84}$$

Geométricamente se puede expresar que hay un ángulo $\left(\frac{\pi}{2} - \theta\right)$ entre $|\omega\rangle$ y $|s\rangle$, donde el ángulo θ está definido por:

$$\cos\left(\frac{\pi}{2} - \theta\right) = \frac{1}{\sqrt{N}} \ o \ sen\theta = \frac{1}{\sqrt{N}} \tag{85}$$

Según Grover el operador U_ω es un reflejo del hiper-plano ortogonal a $|\omega\rangle$ para los vectores en el plano que se definen por $|\omega\rangle$ y $|s\rangle$, asimismo actúa como un reflejo de la línea $|\omega*\rangle$, a su vez el operador U_s es un reflejo de la línea $|s\rangle$, por lo cual el vector de estado permanece en el plano de $|s\rangle$ y $|\omega\rangle$ luego de que se haga cada aplicación de U_s y de U_ω (1996). El vector de estado rota en un ángulo de 2θ

---

[28] En donde el operador $\omega*$ es el conjugado o valor complementario de ω.

hacía $|\omega\rangle$ en cada paso de iteración dado por el operador $U_s U_\omega$.

El momento donde el algoritmo se detiene se da cuando el vector de estado se acerca a $|\omega\rangle$, luego las siguientes iteraciones rotan el vector de estado fuera de $|\omega\rangle$ lo que hace que se reduzca sustancialmente la probabilidad de encontrar una respuesta correcta, a su vez cabe destacar que el número de iteraciones necesarias es dado por r (Terán, 2012). Para que se genere una correcta alineación entre el vector de estado con $|\omega\rangle$, se debe cumplir que:

$$\frac{\pi}{2} - \theta = 2\theta r \ y \ r = \frac{\left(\dfrac{\pi}{2} - 2\right)}{4} \tag{86}$$

Es decir:

$$\frac{\pi}{2} - \theta = 2\theta \left(\frac{\left(\dfrac{\pi}{2} - 2\right)}{4} \right) \tag{87}$$

El valor de $r \in \square$ (números enteros), por lo que r será el valor del número entero más cercano a $\dfrac{\left(\dfrac{\pi}{\theta} - 2\right)}{4}$, así el ángulo entre $|\omega\rangle$ y el vector de estado final es $O(\theta)$, y la probabilidad de obtener una respuesta incorrecta está dada por $O\left(sen^2\theta\right)$ que es equivalente a $O\left(1 - \cos^2\theta\right)$ (Nielsen & Chuang, 2010). Entonces para N mucho mayor a 1 (N>>1) y el ángulo θ equivalente a $N^{-\frac{1}{2}}$ ($\theta \approx N^{-\frac{1}{2}}$), se tiene que $r \to \dfrac{\pi\sqrt{N}}{4}$, asimismo la probabilidad de encontrar una respuesta incorrecta está dada por $O\left(\dfrac{1}{N}\right)$ lo cual para un valor de N muy grande se tiene que:

$$\lim_{N\to\infty} O\left(\frac{1}{N}\right) = 0 \tag{88}$$

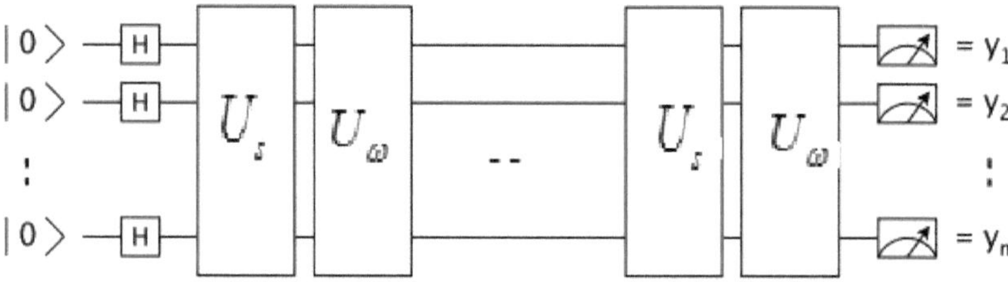

Figura 29. Medición del algoritmo de Grover.

En resumen, el algoritmo de Grover consiste en preparar el estado $|\omega\rangle$ luego aplicar reiteradamente el operador de Grover $U_s U_\omega$ y finalmente medir para realizar la búsqueda.

3.2.4 EL ALGORITMO DE SHOR

Este algoritmo es de orden probabilístico, basado en la transformada cuántica de Fourier pero al contrario del algoritmo de Grover no es de búsqueda, sino que este algoritmo planteado por Peter Shor en 1994 permite encontrar factores primos usando los elementos y conceptos de la informática cuántica. Peter Shor fue el primero que demostró un uso práctico y de gran interés en los algoritmos que se usan en la informática cuántica, por lo que a partir de este algoritmo se incrementó la búsqueda de problemas que se consideran sin solución para la informática clásica pero con posibles soluciones aprovechando las propiedades de la mecánica cuántica aplicada a la ciencia de la información.

Figura 30. Peter Shor creador del algoritmo que lleva su apellido.

Este algoritmo tiene una parte de informática clásica (una descomposición en factores para facilitar encontrar un orden algorítmico reduciendo el tiempo de solución de un problema) y otra parte que se aplica la informática cuántica (un algoritmo cuántico para solucionar el problema de encontrar el orden), para descomponer en factores un numero N en un tiempo $O((\log N)^3)$ y en un espacio dado por $O(\log N)$ (Shor, 1994).

Según Terán la gran mayoría de las criptografías de clave publicas entre ellas la RSA (Rivest, Shamir y Adleman) llegarían a ser obsoletas si este algoritmo es implementado en una computadora cuántica práctica (2012); por ejemplo un mensaje cifrado con la clave pública RSA puede ser descifrado descomponiendo en factores la clave pública N el cual es el producto de dos números primos, lo que para el método clásico de información podría tardar demasiado tiempo (décadas) mientras que usando la informática cuántica tardaría un tiempo dado por $O(\log N)^3$ rompiendo o descifrando la clave pública en un tiempo polinómico (Shor, 1994), aunque hay que especificar que esto ocurre con todos los protocolos de claves publicas existentes. El algoritmo de Shor da la respuesta con una alta probabilidad, a su vez la probabilidad de fallo se va reduciendo a medida que se ejecuta nuevamente este algoritmo, es decir a medida que se ejecuta cada ciclo, la probabilidad de fallo se va disminuyendo.

En el año 2001 este algoritmo fue demostrado por un grupo de ingenieros de la empresa IBM que descompuso el número 15 en sus factores 3 y 5 usando una computadora cuántica de 7 qubits, y en el año 2009 pudieron imprimir un circuito cuántico fotónico en un chip de silicio de sólo 26 mm de largo donde se podía ejecutar el algoritmo de Shor, para esto usaron luz en lugar de electricidad sobre una capa delgada que guía 4 qubits con propiedades cuánticas para calcular el factor de 15 (Boxbyte, 2009). Según Moret el problema que intenta solucionar este algoritmo es que dado un número N que pertenece al conjunto de los enteros, se intenta encontrar otro número p que pertenece al conjunto de los enteros, el cual este entre 1 y N que divida a N, el algoritmo de Shor se divide en dos partes (2013):

1- Una reducción del problema de descomponer en factores al problema de encontrar el orden, esto se puede hacer con el método clásico (Moret, 2013).

2- Un algoritmo cuántico para solucionar el problema de encontrar el orden (Moret, 2013).

Según Shor los seudocódigos que describen tanto la parte clásica como la parte cuántica son los siguientes (1994):

PARTE CLÁSICA	**PARTE CUÁNTICA**
1- Escoger un número seudo-aleatorio $a < N$	1- Comenzar con un par de registros qubits de entrada y salida con $\log_2 N$ qubits cada uno, con $0 \leq x \leq N-1$ en el siguiente estado inicial : $N^{-\frac{1}{2}} \sum_x \lvert x \rangle \lvert f(x) \rangle$

2- Calcular el m.c.d. de (a, N)	2- Construir f(x) como función cuántica y aplicarla al estado anterior para así obtener: $N^{-\frac{1}{2}}\sum_{x}\lvert x\rangle\lvert f(x)\rangle$
3- si m.c.d $\neq 1$ entonces se ha encontrado un factor no trivial de N por lo tanto terminar.	3- Aplicar la transformada cuántica de Fourier al registro de entrada, es decir: $$U_{QFT}\lvert x\rangle = N^{-\frac{1}{2}}\sum_{y}e^{\frac{2\pi ixy}{N}}\lvert y\rangle$$
4- De lo contrario se tendrá que encontrar el periodo de la siguiente función: $f(x)=a^{x}\bmod N$, lo que significa que es el número que pertenece al conjunto de los enteros más pequeño r para lo cual se cumple la propiedad $f(x+r)=f(x)$	4- Se obtiene el siguiente estado: $$N^{-1}\sum_{x}\sum_{y}e^{\frac{2\pi ixy}{N}}\lvert y\rangle\lvert f(x)\rangle$$
5- si r es impar de nuevo ir al paso 1	5- Se realiza la medición, se obtiene un cierto resultado y en el registro de entrada y f(x$_o$) en el registro de salida. Por lo que la función f es periódica, la probabilidad de medir cierto y viene dada por la ecuación:

	$$N^{-1}\left\lvert \sum_{x:f(x)=f(x_o)} e^{\frac{2\pi ixy}{N}}\right\rvert^2 =$$ $$N^{-1}\left\lvert \sum_{b} e^{\frac{2\pi i(xo+rb)y}{N}}\right\rvert^2$$ El análisis de esta ecuación muestra que cuanto más alta sea esta probabilidad, tanto más él valor $\frac{yr}{N}$ es cercano a un número entero.
6- si $a^{\frac{r}{2}} \equiv -1 \pmod{N}$ ir de nuevo al paso 1	6- se procede a convertir $\frac{y}{N}$ en una fracción irreducible y se extrae el denominador r' que es un candidato a ser el valor de r.
7- Los factores de N son el m.c.d de $\left(a^{\frac{r}{2}} \pm 1, N\right)$, por lo tanto terminar.	7- si $f(x) = f(x+r')$ entonces terminar.
	8- si $f(x) \neq f(x+r')$ entonces se debe obtener más candidatos a r usando valores cercanos a y, o múltiplos de r'.
	9- Si cualquier candidato cumple las condiciones entonces terminar.

	10- si ningún candidato cumple las condiciones, entonces volver de nuevo al paso 1 del subprograma.

Tabla 2. Seudocódigos del algoritmo de Shor.

Según Terán, al final del paso 3 de la tabla No 2 del seudo-código cuántico se tiene un número denotado por a en este grupo, por lo que el grupo es finito a debe ser a su vez tener un orden finito r el número que pertenece al conjunto de los enteros positivos más pequeño tal que se cumpla la condición $a^r \equiv 1 \bmod N$, por lo tanto $N \mid (a^r - 1)$ (2012). Ahora si se supone que se puede obtener el valor de r y que este es un numero par, se tendría que $a^r - 1 = \left(a^{\frac{r}{2}} - 1 \right)\left(a^{\frac{r}{2}} + 1 \right) \equiv 0 \bmod N$ por diferencia de cuadrados, por lo que $N \mid \left(a^{\frac{r}{2}} - 1 \right)\left(a^{\frac{r}{2}} + 1 \right)$, donde el valor de r cumple la condición de ser el numero entero positivo más pequeño y que $a^r \equiv 1$, por lo que N no podría ser divisor de $\left(a^{\frac{r}{2}} - 1 \right)$, además si r tampoco podría ser divisor de $\left(a^{\frac{r}{2}} + 1 \right)$ entonces esto supone que N deber tener un factor común no trivial con $\left(a^{\frac{r}{2}} + 1 \right)$ y . $\left(a^{\frac{r}{2}} - 1 \right)$. Si N es el producto de dos números primos, esta sería la única factorización posible, asimismo para encontrar el periodo, el algoritmo de Shor utiliza el concepto de superposición cuántica es decir, de estar en muchos estados a la vez evaluando la función en todos los puntos simultáneamente (Nielsen & Chuang, 2010). Aunque cabe resaltar que la mecánica cuántica no permite que se tenga acceso a toda la información directamente (Terán, 2012), por la decoherencia cuántica una medición cuántica dará solo uno de todos los valores posibles, lo que generaría la "destrucción" de los otros valores (colapso de la función de onda), debido a esto se debe usar la transformada cuántica de Fourier para que cuidadosamente se transforme la superposición de un estado en otro, el cual devuelva la respuesta correcta con una alta probabilidad cuántica (Nielsen & Chuang, 2010).

Peter Shor tuvo que solucionar los siguientes problemas de implementación, según el mismo, esto tuvo que ser implementados de la manera más rápida posible a través de la ejecución de las compuertas cuánticas en un valor polinómico dado por Log(N) (1994):

1- Crear una superposición de estados aplicando las compuertas de Hadamard a todos los qubits de entrada, o también usando la transformada cuántica de Fourier (Shor, 1994).

2- Realizar la implementación de la función f como una transformada cuántica, a través de la exponenciación por cuadrados (Shor, 1994).

3- Usando las compuertas controladas NOT y compuertas de una sola rotación de qubit diseñando un circuito que use exactamente $(\log N)^2$ compuertas a través de la transformada cuántica de Fourier (Shor, 1994).

Según Terán, luego de todas estas transformaciones necesarias una medición daría una aproximación al periodo dado por r, por lo que la probabilidad de medir y es de 1, teniendo en cuenta que $e^{\frac{2\pi i b y r}{N}} = 1$ para todo $b \in \mathbb{Z}$ (2012).

En resumen la sumatoria de probabilidad de la medición de y se da por el valor de $\frac{N}{r}$ y como b es aproximadamente igual a $\frac{N}{r}$, lo que daría la probabilidad de medición estaría dada por $\frac{1}{r}$, indicando que existen valores de r y y, tal que $\frac{yr}{N} \in \mathbb{Z}$ demostrando que la sumatoria de las probabilidades es de 1, es decir del 100%.

3.2.5 EL ALGORITMO DE DEUTSCH – JOZSA

Este es un algoritmo cuántico propuesto por los científicos David Deutsch y Richard Jozsa en el año 1992. Es uno de los primeros algoritmos que tiene un mayor potencial de ejecución y de eficiencia a comparación de los algoritmos clásicos, aprovechando el concepto de superposición de estados y el paralelismo inherente en la mecánica cuántica. Este algoritmo usa el concepto de caja negra a través de una función cuántica que toma n valores de entrada (x1, x2…,xn) y devuelve el valor binario dado por la función f(x1, x2…,xn), se sabe que la función puede tomar dos formas: una función constante, es decir el valor de "0" o "1"en todas las entradas; o una función balanceada, es decir devuelve el valor de "1" para la mitad de las entradas y el valor de "0" para la otra mitad, por lo tanto el problema radica en determinar cuál es la forma de la función al aplicar las entradas o input a la caja negra y luego observar las salidas u output (Terán, 2012).

Figura 31. David Deutsch y Richard Jozsa creadores del algoritmo que llevan sus apellidos.

Este algoritmo utiliza dos qubits auxiliares para realizar los respectivos cálculos, H es el bloque de la compuerta de Hadamard cuya operación según Deutsch & Jozsa es la siguiente (1992):

$$H\left(|0\rangle\right) = \frac{1}{\sqrt{2}}\left(|0\rangle + |1\rangle\right)$$

$$H\left(|1\rangle\right) = \frac{1}{\sqrt{2}}\left(|0\rangle - |1\rangle\right) \qquad (89)$$

El bloque Uf realiza la siguiente operación:

$$U_f = \left(|0\rangle|0\rangle\right) = |0\rangle|0 \otimes f(0)\rangle = |0\rangle|f(0)\rangle \qquad (90)$$

$$U_f = \left(|0\rangle|1\rangle\right) = |0\rangle|1 \otimes f(0)\rangle = |0\rangle|\overline{f(0)}\rangle \qquad (91)$$

$$U_f = \left(|1\rangle|0\rangle\right) = |1\rangle|0 \otimes f(1)\rangle = |1\rangle|f(1)\rangle \qquad (92)$$

$$U_f = \left(|1\rangle|1\rangle\right) = |1\rangle|1 \otimes f(1)\rangle = |1\rangle|\overline{f(1)}\rangle \qquad (93)$$

A su vez, se tiene que:

$$U_f = \left(|0\rangle|0\rangle - |1\rangle\right) = |0\rangle|f(0) - \overline{f(0)}\rangle = |0\rangle|(-1)^{f(0)}\left(|0\rangle - |1\rangle\right)\rangle \qquad (94)$$

$$U_f = \left(|1\rangle|0\rangle - |1\rangle\right) = |1\rangle|f(1) - \overline{f(1)}\rangle = |1\rangle|(-1)^{f(1)}\left(|0\rangle - |1\rangle\right)\rangle \qquad (95)$$

$$U_f = \left(|x\rangle\left(|0\rangle - |1\rangle\right)\right) = |x\rangle|(-1)^{f(x)}\left(|0\rangle - |1\rangle\right)\rangle \qquad (96)$$

La entrada al circuito se representa por $|a\rangle = |0\rangle|1\rangle$ la cual atraviesa las dos compuertas de Hadamard obteniéndose el valor:

$$|b\rangle = \left(\frac{1}{2}\right)\big(|0\rangle + |1\rangle\big)\big(|0\rangle - |1\rangle\big) \qquad (97)$$

$$|c\rangle = \left(\frac{1}{2}\right)\left\{|0\rangle\big|(-1)^{f(0)}\big(|0\rangle - |1\rangle\big) + |1\rangle\big\rangle\big|(-1)^{f(1)}\big(|0\rangle - |1\rangle\big)\big\rangle\right\} \qquad (98)$$

La anterior ecuación también se puede escribir como:

$$|c\rangle = \begin{cases} \pm\dfrac{1}{\sqrt{2}}|0\rangle\big(|0\rangle - |1\rangle\big) & si \ f(0) = f(1) \\[2ex] \pm\dfrac{1}{\sqrt{2}}|1\rangle\big(|0\rangle - |1\rangle\big) & si \ f(0) \neq f(1) \end{cases} \qquad (99)$$

Luego de atravesar la última compuerta de Hadamard, se obtiene:

$$|d\rangle = \begin{cases} \pm\dfrac{1}{\sqrt{2}}|0\rangle\big(|0\rangle - |1\rangle\big) & si \ f(0) = f(1) \\[2ex] \pm\dfrac{1}{\sqrt{2}}|1\rangle\big(|0\rangle - |1\rangle\big) & si \ f(0) \neq f(1) \end{cases} \qquad (100)$$

Dado que:

$$f(0) = f(1), \, f(0) \otimes f(1) = 0 \qquad (101)$$

$$f(0) \neq f(1), \, f(0) \otimes f(1) = 1 \qquad (102)$$

Se puede representar como:

$$\pm \frac{1}{\sqrt{2}} \left| f(0) \otimes f(1) \right\rangle \left(\left| 0 \right\rangle - \left| 1 \right\rangle \right) \tag{103}$$

Lo anterior es el resultado final midiendo el primer qubit de la ecuación, por lo cual se obtiene (Nielsen & Chuang, 2010):

$$f(0) \otimes f(1) \tag{104}$$

Según Deutsch & Jozsa, si resulta el valor "0" entonces la función f(x) es una función de forma constante, mientras que si el valor resulta de "1", la función es de forma balanceada (1992). Para funciones f(x) de n entrada, generalizando se obtiene que la entrada al circuito es:

$$\left| a \right\rangle = \left| 0 \right\rangle^{\otimes n} \left| 0 \right\rangle \tag{105}$$

Y para las compuertas de Hadamard se obtiene:

$$\left| b \right\rangle = \frac{1}{\sqrt{2^n}} \sum_{x=0}^{2^n-1} \left| x \right\rangle \frac{\left| 0 \right\rangle - \left| 1 \right\rangle}{\sqrt{2}} \tag{106}$$

Obteniéndose a la salida del bloque U_f:

$$\left| c \right\rangle = \sum_{x=0}^{2^n-1} \left| (-1)^{f(x)} \left| x \right\rangle \right\rangle \frac{\left| 0 \right\rangle - \left| 1 \right\rangle}{\sqrt{2}} \tag{107}$$

La última salida producida por la compuerta de Hadamard **está dada por:**

$$|d\rangle = \sum_{z=0}^{2^n-1} \sum_{x=0}^{2^n-1} (-1)^{x*z+f(x)} |z\rangle \frac{|0\rangle - |1\rangle}{\sqrt{2}}$$

(108)

Finalmente se obtiene la medición del valor z.

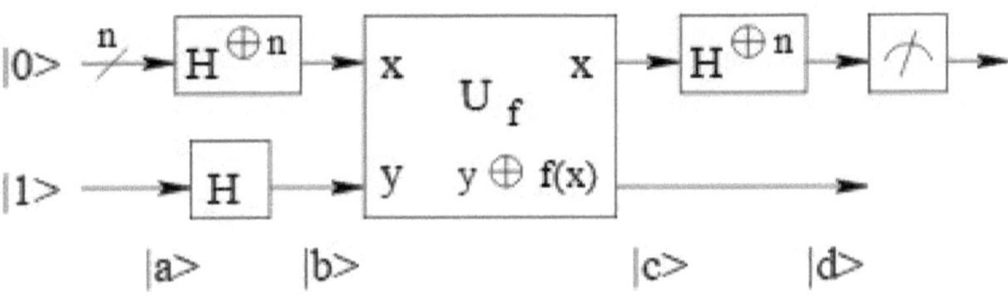

Figura 32. Circuito cuántico que implementa el algoritmo de Deutsch-Jozsa.

Luego de tener la medición del valor z, comprobando si $z=0$ o $z \neq 0$, así se sabrá si la función es constante (si se obtiene $|0\rangle + |1\rangle$ en la medida) o la función es balanceada (las contribuciones (0...,0) se cancelan y la medida del valor z es distinta, es decir se obtiene $|0\rangle - |1\rangle$ en la medida).

Para el caso del circuito cuántico que implementa el algoritmo de Deutsch-Jozsa de la figura No 31, Moret manifiesta que el algoritmo comienza con un estado n+1 de la manera $|0\rangle^{\otimes n}|1\rangle$, a su vez para generar una entrada en la compuerta U$_f$, en todos los qubits se realiza una transformación de Hadamard de la siguiente manera (2013):

$$|\psi_{entrada}\rangle = \frac{1}{\sqrt{2^{n+1}}} \sum_{x=0}^{2^n-1} |x\rangle (|0\rangle - |1\rangle)$$

(109)

Aplicando la transformación dada por $U_f|x\rangle|y\rangle = |x\rangle|y \otimes f(x)\rangle$ a $|\psi_{entrada}\rangle$ se obtiene:

$$U_f \left|\psi_{entrada}\right\rangle = \frac{1}{\sqrt{2^{n+1}}} \sum_{x=0}^{2^n-1} |x\rangle\Big(|f(x)\rangle - |1 \otimes f(x)\rangle\Big) = \tag{110}$$

$$\frac{1}{\sqrt{2^{n+1}}} \sum_{x=0}^{2^n-1} (-1)^{f(x)} |x\rangle\Big(|0\rangle - |1\rangle\Big) \tag{111}$$

Realizando una nueva transformación de Hadamard sobre los n-qubits, se tiene que:

$$\left|\psi_{x-salida}\right\rangle = \frac{1}{\sqrt{2^n}} \sum_{x=0}^{2^n-1} (-1)^{f(x)} |x\rangle \longrightarrow H^{\otimes n} \left|\psi_{x-salida}\right\rangle = \tag{112}$$

$$\frac{1}{\sqrt{2^{n+1}}} \sum_{x=0}^{2^n-1} (-1)^{f(x)} \sum_{z=0}^{2^n-1} (-1)^{x*z} |z\rangle = \tag{113}$$

$$= \frac{1}{2^n} \sum_{z=0}^{2^n-1} \left[\sum_{z=0}^{2^n-1} (-1)^{f(x)} (-1)^{x*z} \right] |z\rangle \tag{114}$$

Se tiene que $\quad x*z = x_0 z_0 \otimes x_1 z_1 \otimes ... \otimes x_{n-1} z_{n-1}$

Según Nielsen & Chuang podrían ocurrir dos sucesos:

1- Observar la probabilidad P de la medida dada por $|0\rangle^{\otimes n}$, es decir:

$$P\left(|0\rangle^{\otimes n}\right) = \left[\frac{1}{2^n} \sum_{z=0}^{2^n-1} (-1)^{f(x)} \right]^2 \tag{115}$$

Por lo cual se tendría que:

P=1 si y solo si f(x) es una función constante.

p=0 si y solo si f(x) es una función balanceada.

2- Observar $|z\rangle$ después de la medida, por lo que:

Si f(x) es una función constante, entonces z es cero (0,…,0)

Si f(x) es una función balanceada, entonces z es distinta de cero (2010).

3.3 EL MODELO DE COMPUTACIÓN CUÁNTICA

Aunque el presente trabajo se enfatiza en los conceptos de la informática usando las leyes de la mecánica cuántica, es necesario presentar de manera superficial algunos modelos de computadoras cuánticas, así como algunos métodos que se están usando para poder manipular qubits, esto con el fin de conocer los problemas que existen en la implementación de la informática cuántica, por consiguiente se presentan los modelos de computación cuántica de: Richard Feynman, Paul Benioff, David Deutsch y de Bruce Kane; así como los métodos para manipular múltiples qubits como son: la trampa de iones, los espines nucleares y el método de corrección de errores cuánticos.

3.3.1 COMPUTADORA CUÁNTICA DE FEYNMAN

Richard P. Feynman ganador del premio nobel en física, diseño una versión del circuito lógico combinacional[29] usando las leyes de la mecánica cuántica con compuertas cuánticas reversibles. Según Feynman se puede entender el circuito cuántico usado como n compuertas lógicas actuando sobre múltiples qubits o m-qubits, donde la transformación conseguida por el circuito como salida se describe como $A_n{}^*A_{n-1}\ldots A_i$, donde A_i es un operador el cual describe la acción de la i-esima compuerta (1996). Cuando Feynman planteo se modelo de computadora cuántica, esperaba diseñar una máquina en la cual se pudiera conocer todo su funcionamiento

---

[29] Es un circuito cuya salida depende solamente de la combinación de sus entradas o input en el momento que se está realizando la medida en la salida u output.

hasta el nivel atómico, es decir quería manipular los átomos o partículas para poder realizar cálculos a través de un Hamiltoniano previamente definido.

3.3.2 COMPUTADORA CUÁNTICA DE BENIOFF

Paul Benioff planteo en el año de 1980 que la cinta usada en la máquina de Turing podría ser reemplazada por una secuencia de sistemas cuánticos simples de dos estados, es decir se podía leer o resetear el estado de un spin (Terán, 2012). Estos estados de cómputo se determinan de la siguiente manera:

(Estado, Valor) -> (Nuevo estado, Nuevo Valor, Nueva Dirección)

De esta manera es posible realizar cualquier cálculo que una computadora clásica puede hacer. Los cálculos que realizaba la máquina de Turing fueron reemplazados por una ecuación de Schrödinger diseñada para que una configuración de spin inicial evolucionara a un conjunto de spin final los cuales se pudieran decodificar o convertir a bits clásicos obteniendo como resultado el cálculo que se estuviera realizando (Benioff, 1980). De esta manera si el resultado era un spin arriba $(\uparrow)$ se tomaba como el valor de "1", y si el resultado era un spin abajo $(\downarrow)$ el valor era de "0", aunque mientras se hacia el proceso de cálculo la maquina estaría en superposiciones de estados del spin, aunque como al final de cada paso el cabezal mide el estado del spin a través de la cinta, esto genera un colapso del estado de superposición del spin lo que no permite que este modelo aproveche el potencial que proporcionan las computadoras cuánticas; por lo que se puede concluir que este modelo no es realizable debido a que para construir el Hamiltoniano es necesario conocer la respuesta del programa de antemano (Nielsen & Chuang, 2010).

3.3.3 COMPUTADORA CUÁNTICA DE DEUTSCH

En 1980 David Deutsch descubrió el primer modelo de la máquina de Turing cuántica, ya que en este modelo a diferencia de la de Benioff en cada paso se mantiene la superposición de estados del spin. La estructura de la máquina de Turing cuántica planteada por Deutsch es muy similar a la contraparte clásica, ya que está compuesta por los siguientes elementos: Un cursor, un procesador finito y una cinta de memoria infinita que tiene como qubit en cada elemento.   Según Benioff para mantener este estado de superposición el operador de evolución temporal que se denota por U debe ser local lo que permite que existan interacciones entre qubits contiguos e independientes del tiempo, para lo cual es necesario un Hamiltoniano dependiente del tiempo lo que asegura que el proceso de computación tiene un tiempo de finalización bien definido (1985).

3.3.4 COMPUTADORA CUÁNTICA DE KANE

Bruce Kane en 1998 propuso un proyecto de computadora cuántica escalable, este proyecto es una combinación entre un punto cuántico y una computadora cuántica basada en la resonancia magnética nuclear, en donde se usa una serie de átomos donantes de fosforo, los cuales son ensamblados en un rejilla de celulosa de silicio (Terán, 2012). Este proyecto de computadora cuántica se ha convertido en la investigación más importante de computación cuántica australiana, tanto así que más de 100 investigadores trabajan en mejorar la lectura que este modelo tiene. Experimentalmente se ha demostrado mediante un microscopio de efecto túnel, la gran precisión en la disposición atómica de los átomos de fosforo.

Los anteriores modelos de computadoras cuánticas conllevan definir el siguiente protocolo el cual permite configurar cualquier modelo de computador cuántico (Moret, 2013):

1- Configurar la entrada o input en el registro de n- átomos

2- Poner el cursor en la posición $|0| : |Pos(0)\rangle = |1\rangle$

3- Dejar que el sistema evolucione.

4- Observar continuamente la posición del cursor.

5- Cuando el valor $|Pos(final)\rangle = |1\rangle$ se debe hacer $|Pos(final)\rangle = |0\rangle$.

6- Como el cálculo se detiene o se interrumpe, se procede a medir el registro dado por n.

El problema principal que tiene las computadoras cuánticas es la referente a la decoherencia cuántica, ya que para configurar las entradas y salidas estas interactúan con el exterior, por lo que el gran desafío es construir una computadora cuántica que aislé totalmente los qubits de una influencia externa para evitar que se abandone el estado de superposición lo que conlleva a que colapse a un único estado convirtiendo al qubit en un bit clásico. Actualmente existe una gran dificultad en mantener el balance entre el aislamiento y la interacción del qubit; por eso las computadoras clásicas son confiables debido a que son inmunes al ruido, es decir que la interacción con el mundo exterior no genera problemas en su implementación ya que se rigen por las leyes de la física clásica. Por consiguiente se podría deducir que las reglas de la mecánica cuántica están en contra de la estabilidad de una computadora cuántica, lo que no permite que funcione eficientemente. Aunque esto no ha hecho que se detenga las investigaciones en la implementación de una computadora cuántica y por el contrario, en los últimos años se han incrementado el financiamiento de los estudios de la construcción e implementación de estas posibles maquinas. Lo anterior ha permitido que se implementen algunos métodos que permiten la manipulación de qubits superando la gran cantidad de inconvenientes que existen en el momento de implementar una computadora cuántica.

Figura 33. Prototipo de computadora cuántica: El gran tamaño se debe al mecanismo para poder aislar y enfriar los qubits.

Uno de esos métodos se conoce como la corrección de errores cuánticos (QEC: Quantical Error Correction), el cual usa unos circuitos que corregían más errores de los que introducían con su presencia, es decir estos circuitos se usan en la computación cuántica para proteger la información cuántica de los errores debido a la decoherencia u otro ruido cuántico. El funcionamiento se basa es la realización de un "multiqubit", el cual es una medida que no perturba la información cuántica estado puesto a través del código, pero recupera la información sobre el error (Cirac, 2015).

Juan Ignacio Cirac y Peter Zoller propusieron un primer esquema de un computador cuántico el cual se basaba en la trampa de iones (1995), es decir el funcionamiento de una trampa que agarra un ion y lo enfría mediante un láser lo que permite "manipular" el qubit cuando sea necesario entrelazarlo o construir compuertas lógicas. Se han podido hacer cálculos simples usando este método, pero la manipulación de decenas de iones para manipular múltiples qubits aun conlleva a enormes dificultades experimentales (Moret, 2013). Los espines nucleares son otro método de manipulación de qubits, debido a que la polarización de la magnetización de los núcleos atómicos de una molécula sencilla en una cantidad de moléculas idénticas se puede usar como qubits, a mediados de la década de los años 90 se realizaron una gran cantidad de experimentos que demostraban las bases de la computación cuántica mediante este método (Moret, 2013). Al igual que los anteriores métodos, al manipular una mayor cantidad de qubits se generan una gran cantidad de problemas debido a las leyes de la mecánica cuántica. En general, las maquinas que tienen mayor probabilidad de convertirse en futuros computadores cuánticos son los basados en los sistemas ópticos cuánticos quienes usarían los átomos o iones como qubits y se manipularían mediante luz láser, a su vez realizarían las lecturas de los resultados a través de la técnica de resonancia magnética nuclear (Cirac, 2015).

CAPÍTULO 4. APLICACIONES DE LA INFORMÁTICA CUÁNTICA

Aunque no se tiene conocimiento a ciencia cierta de cuando seria la implementación de la informática cuántica, actualmente existen estudios e investigaciones referentes a las aplicaciones de este nuevo paradigma de la información y computación entre ellas están: la predicción real del clima (en la actualidad es muy difícil predecir la variación climática debido a la enorme cantidad de variables y parámetros que se presentan), la creación de medicamentos más eficaces en contra de las enfermedades (por el enorme tiempo que se tarda en crear las diferentes combinaciones moleculares para dar un resultado satisfactorio), el control del tráfico de transporte, la inteligencia militar, el análisis en la exploración espacial, el dinero cuántico, entre otros (Dickerson, 2015)…En general cada área de las ciencias de la información y de la computación tiene se contraparte cuántica, lo que "exige" a los ingenieros en investigar fuertemente este nuevo paradigma lo que cambiaría la tecnología tal y como la se conoce actualmente (Díaz, 2015).

Este trabajo se centra en el proceso de información usando las leyes de la mecánica cuántica, por lo que se profundizaran en tres aplicaciones específicas de la informática cuántica las cuales son: la Teleportación, la criptografía cuántica y la inteligencia artificial cuántica (Q.A.I. por sus siglas en ingles).

4.1 TELETRANSPORTACIÓN CUÁNTICA

La teletransportación cuántica o la teleportación es un método que transfiere un estado cuántico a una partícula alejada usando el concepto de entrelazamiento cuántico, este método no transporta energía ni materia pero permite transmitir la información de un punto a otro a través de dos partículas entrelazadas. Este método fu propuesto por Charles Bennett cuando en 1993 junto con sus colaboradores propusieron resolver empleando otro método la paradoja E.P.R., usando teóricamente las dos informaciones complementarias que se dan en un estado de entrelazamiento, para construir una réplica de un objeto original en otro lugar diferente al de su posición inicial, a este experimento teórico los científicos lo llamaron teletransportación cuántica o simplemente teleportación (Terán, 2012).

Para llevar a cabo este método inicialmente se crean un par de partículas entrelazadas (fotones en estado E.P.R.), a las cuales se sabe que por su estado de entrelazamiento lo que le sucede a la una inmediatamente le sucede a la otra sin importar la distancia, pero por el principio de incertidumbre de Heisenberg no es posible observar en qué estado se encuentra la partícula o el fotón, porque la observación destruiría el estado de superposición; para solucionar este problema se supone que se quiere transportar una determinada partícula llamada "A" y que a su vez se disponen de otras dos partículas entrelazadas llamadas "B" y "C" (que pueden estar separadas a una distancia cualquiera), se procede a combinar la partícula "A" con cualquiera de las dos partículas entrelazadas, luego se mide la polarización relativa de estas dos partículas "B" y "C", la información es trasladada de la partícula "A" a la partícula "C" a través de la partícula intermedia "B" la cual interactúa primero con "C" y luego con "A", por lo cual la información en "B" llega a la partícula "A" y en el momento de la medición las dos partículas o fotones son modificados perdiendo así su estado lógico inicial (Nielsen & Chuang, 2010).

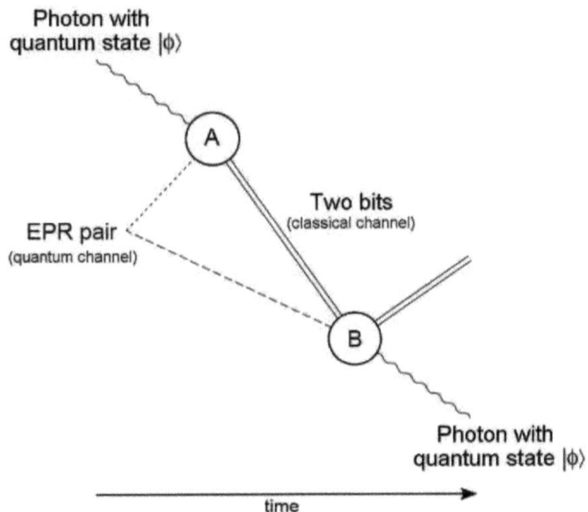

Figura 34. Diagrama de teletransportación cuántica o teleportación.

Según Terán, la alteración que se deriva de la combinación de la partícula "A" con la partícula "B" se ha transmitido instantáneamente en la misma dirección "A" a "B" hasta el punto de destino, y la información de lectura o de escaneo se manda hacia la partícula "C" (como por ejemplo con una señal de radio) la cual adquiere todas las propiedades de la partícula original "A" (2012). De esta manera no se está realizando una medición directa y absoluta, por el contrario se está realizando una medida indirecta de las propiedades de la partícula o del fotón, este tipo de medida es conocida como efecto Bell. La teletransportación cuántica posee las siguientes características cuando se hablan de dos partículas entrelazadas (Nielsen & Chuang, 2010):

- Las partículas o fotones se comportan como un solo objeto, es decir no se puede argumentar que una se encuentre en el estado "1" y la otra "0" debido a que ambas están en un estado de paralelismo cuántico.

- Si se llegase a medir una de las dos partículas entrelazadas y se determina que su estado es por ejemplo "0", la otra adquiere instantáneamente el valor de "1", y el estado de paralelismo cuántico o de superposición se destruye, esta característica es fundamental para la base de la criptografía cuántica.

Una de las instituciones a nivel mundial que trabaja intensamente en el método de la teletransportación cuántica es el centro europeo de investigaciones nucleares o CERN, en el cual se ideo una técnica para transmitir un qubit entre un emisor llamado "Alice" y un receptor llamado "Bob" mediante él envió de dos bits clásicos, teniendo en cuenta que este emisor y receptor están previamente entrelazados. El paso a paso de esta técnica es la siguiente (Terán, 2012) y (Nielsen & Chuang, 2010):

- "Alice" y "Bob" están en un estado entrelazado dado por la siguiente ecuación

$$\beta_{00} = \frac{\left(|00\rangle + |11\rangle\right)}{\sqrt{2}} \tag{116}$$

- "Alice" se queda con el primer qubit del par entrelazado y "Bob" con el segundo qubit par entrelazado, es decir el emisor y el receptor se separan.

- "Alice" comienza a transmitir el qubit a "Bob", por lo que el emisor operara sobre dos qubits: el primero es el qubit que quiere transmitir y el segundo es el primer qubit del par entrelazado, la cual se encuentra en "Alice" $|\psi\rangle = \alpha|0\rangle + \beta|1\rangle$.

- "Alice" primero aplica la compuerta cuántica CNOT a sus dos qubits.

- "Alice" aplica la compuerta cuántica Hadamard al primero de sus dos qubits.

- "Alice" realiza una medición sobre ambos qubits, luego obtiene los dos bits b_1 y b_2 los cuales envía al receptor "Bob" por un canal clásico de comunicación.

- El receptor "Bob" aplica la respectiva transformación sobre su qubit de acuerdo a los dos bits clásicos recibidos. Se tiene que la matriz X es la matriz de Pauli σx y la matriz de Pauli σz es la matriz Z, así el resultado obtenido por el receptor en su qubit será $|\psi\rangle$. Por lo tanto ψ es el qubit a teletransportar cuánticamente y β_{00} es el estado auxiliar de entrelazamiento.

Figura 35. Diagrama del circuito de teletransportación cuántica o teleportación.

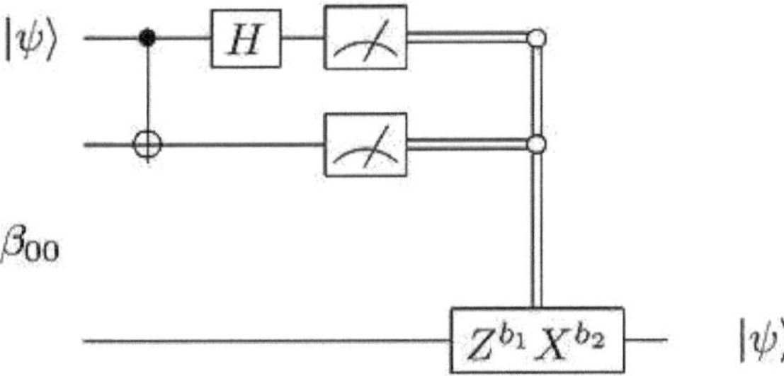

Fuente: Quantum Computation and Quantum Information, 10th Anniversary Edition. Nielsen & Chuang. 2010

Las operaciones que se realizan en esta técnica son las siguientes:

Se realiza la entrada al circuito a través de los estados de entrelazamiento dados por $\beta_{00} = \dfrac{(|00\rangle + |11\rangle)}{\sqrt{2}}$ y $|\psi\rangle = \alpha|0\rangle + \beta|1\rangle$.

Los cuales pueden representarse a través de la operación XOR $|\psi\rangle \otimes \beta_{00}$ de la siguiente manera

$$|\psi\rangle \otimes \beta_{00} = \left(\alpha|0\rangle + \beta|1\rangle\right)\left(\frac{(|00\rangle + |11\rangle)}{\sqrt{2}}\right) = \tag{117}$$

$$|\psi\rangle \otimes \beta_{00} = \frac{\left(\alpha|0\rangle(|00\rangle + |11\rangle) + \beta|1\rangle(|00\rangle + |11\rangle)\right)}{\sqrt{2}} \tag{118}$$

Por lo cual, esta entrada pasa a través de una compuerta cuántica CNOT cuya función está determinada por la función de entrada y salida (o input y output) la cual se representa como $|0\rangle|0\rangle \rightarrow |0\rangle|0\rangle, |0\rangle|1\rangle \rightarrow |0\rangle|1\rangle, |1\rangle|0\rangle \rightarrow |1\rangle|1\rangle, |1\rangle|1\rangle \rightarrow |1\rangle|0\rangle$, por lo tanto en el circuito se obtiene la función dada por:

$$CNOT(1,2) \rightarrow \frac{\left(\alpha|0\rangle(|00\rangle + |11\rangle) + \beta|1\rangle(|10\rangle + |01\rangle)\right)}{\sqrt{2}} \tag{119}$$

Luego el emisor hace que se atraviese la compuerta cuántica Hadamard la cual tiene una función definida por:

$$|0\rangle \rightarrow \frac{(|0\rangle + |1\rangle)}{\sqrt{2}}; \quad |1\rangle \rightarrow \frac{(|0\rangle - |1\rangle)}{\sqrt{2}} \tag{120}$$

Como consecuencia se obtiene la función dada por la compuerta Hadamard:

$$H(1) \rightarrow \dfrac{\left(\alpha \dfrac{(|0\rangle + |1\rangle)(|00\rangle + |11\rangle)}{\sqrt{2}} + \beta \dfrac{(|0\rangle - |1\rangle)(|10\rangle + |01\rangle)}{\sqrt{2}} \right)}{\sqrt{2}} \qquad (121)$$

Lo que genera la siguiente ecuación:

$$\frac{\left(|00\rangle(\alpha|0\rangle + \beta|1\rangle) + |01\rangle(\alpha|1\rangle + \beta|0\rangle) + |10\rangle(\alpha|0\rangle - \beta|1\rangle) + |11\rangle(\alpha|1\rangle - \beta|0\rangle)\right)}{2} =$$

$$\frac{1}{2}\sum_{b_1 b_2}^{1} |b_1 b_2\rangle \left(Z^{b_1} X^{b_2} \right)|\psi\rangle \qquad (122)$$

En este momento el emisor hace la medición o el escaneo de sus dos qubits, por lo cual obtiene uno de los cuatro $b_1 b_2$ posibles. Al hacer la medición el sistema colapsa por decoherencia al estado dado por la medida $\left(Z^{b_1} X^{b_2} \right)|\psi\rangle$ o $\left(X^{b_2} Z^{b_1} \right)|\psi\rangle$ la cual se muestra en la figura No 34. Según Nielsen & Chuang, el emisor "Alice" envía la información al receptor "Bob" la cual se obtiene en la medición de $(b_1 b_2)$, el receptor a su vez tendrá conocimiento cuál de los cuatro términos realmente tiene en su poder, por lo que convertirá los signos negativos en positivos y re organizara los coeficientes aplicando la función $Z^{b_1} X^{b_2}$ obteniendo el estado original $|\psi\rangle$ (2010), es decir $|\psi\rangle$ contiene información completa sobre el estado del qubit de "Alice" de modo que no se ha perdido información. Para poder reorganizar los coeficientes aplicando la función, el receptor usa las instrucciones de la siguiente tabla:

BITS RECIBIDOS	FUNCIÓN A OPERAR	COMPUERTA A APLICAR
00	$(\alpha|0\rangle + \beta|1\rangle) \rightarrow (\alpha|0\rangle + \beta|1\rangle)$	I (Matriz de identidad)
01	$(\alpha|0\rangle + \beta|1\rangle) \rightarrow (\beta|0\rangle + \alpha|1\rangle)$	X
10	$(\alpha|0\rangle + \beta|1\rangle) \rightarrow (\alpha|0\rangle - \beta|1\rangle)$	Y

| 11 | $\left(\alpha|0\rangle+\beta|1\rangle\right)\rightarrow\left(\beta|0\rangle-\alpha|1\rangle\right)$ | ZX |

Tabla 2. Funciones de reorganización del receptor "Bob", para la técnica de teleportación.

Uno de los problemas más grandes de teletransportación cuántica (como en la mayoría de las aplicaciones de la informática cuántica), es el de la perturbación de la fuente de origen debido a cualquier tipo de actuación externa o también llamada decoherencia, como por ejemplo la radiación procedente de la cámara con la cual se toman las medidas la cual puede alterar el estado de medición de las partículas entrelazadas o la misma partícula "A" generando que no se pueda realizar la teleportación (Terán, 2012), tanto así que hasta ahora solo se ha conseguido realizar la teleportación en un 86% de fidelidad (Swain, 2016) a través de dos cristales de diamante enfriados criogénicamente a través de nitrógeno – vacante (NV) en experimentos realizados dentro de laboratorios avanzados de óptica cuántica, lo que no permite aun que se pueda implementar este método. Los experimentos más significativos de teleportación o teletransportación cuántica en los últimos años, se resumen en la siguiente tabla:

AÑO	INSTITUCIÓN O EMPRESA	EXPERIMENTO
1993	IBM	Un grupo de investigadores dirigidos por el físico Charles Bennet descubrieron que la teleportación era posible, siempre cuando el material original fuera destruido.
1998	Caltech, CERN.	Un equipo de científicos de la Universidad de California y del CERN pudieron teleportar un fotón, a través la lectura de la estructura atómica del fotón que envió la información a través a través de un metro (aproximadamente) de cable coaxial. En este experimento se usó el fenómeno de entrelazamiento cuántico y

		se involucraron tres fotones.
2004	NIST, Universidad de Insbruck en Austria.	Científicos del instituto nacional de estándares y tecnología (NIST) y de la universidad de Insbruck en Austria, pudieron transmitir el estado cuántico de un átomo a otro átomo, por lo que se logró el teletransporte de materia solida entre dos átomos.
2006	Instituto Niels Bohr	Científicos del instituto Niels Bohr en la ciudad de Copenhague pudieron teletransportar información a través de un rayo láser en una nube de átomos.
2009	Joint Quantum Institute (JQI) de la Universidad de Maryland y la Universidad de Michigan	un equipo de científicos, pertenecientes al Joint Quantum Institute (JQI) de la Universidad de Maryland y la Universidad de Michigan en Estados Unidos, quienes consiguieron por primera vez teleportar información entre dos átomos, localizados en dos recintos separados por una distancia de 1 metro, que no estaban conectados entre sí.
2012	Universidad de Ciencia y Tecnología de Shangái.	Científicos de la Universidad de Ciencia y Tecnología de Shangái en China, lograron teletransportar fotones a una distancia casi de 15 kilómetros. Durante sus experimentos perfeccionaron una serie de técnicas para reducir el ruido que se producía y lograr de esta manera que no se afectara o se anulara la señal cuántica.
2014	Universidad de Ginebra	Científicos de la Universidad de Ginebra en Suiza, liderados por el profesor Nicolás Gillin lograron teletransportar el estado cuántico de un fotón a un cristal a 25

		kilómetros de distancia.
2016	Instituto de Óptica Cuántica e Información Cuántica (IQOQI), la Universidad de Viena y la Universidad Autónoma de Barcelona (UAB)	Científicos del Instituto de Óptica Cuántica e Información Cuántica (IQOQI) de la Academia Austríaca de Ciencias, de la Universidad de Viena y de la Universidad Autónoma de Barcelona (UAB) han conseguido por primera vez entrelazar tres partículas de luz o fotones utilizando una propiedad cuántica relacionada con el retorcimiento de la estructura de sus frentes de onda. El estado de entrelazamiento entre tres fotones creado por el grupo de Viena bate el récord previo de dimensionalidad.
2016 (En espera)	Universidad de Ciencia y Tecnología de Hefei, Universidad de Pekín.	Un equipo de científicos chinos llevará a cabo a mediados del año 2016 el primer experimento del mundo sobre teletransporte cuántico de fotones a una distancia de más de 1.200 kilómetros entre estaciones terrestres y espaciales, por lo que pondrá a prueba si es posible el uso de fotones para teletransportar información de forma segura entre nuestro planeta y el espacio.

Tabla 4. Experimentos más significativos de teletransportación cuántica de los últimos años.

4.2 INTELIGENCIA ARTIFICIAL CUÁNTICA (Q.A.I.)

En los últimos años las investigaciones en inteligencia artificial (I.A.) han aumentado de manera exponencial debido a la necesidad de poder aplicar cierta "Inteligencia" para poder manejar o manipular cantidades grandes de información como es el caso de los buscadores o algunas bases de datos, a su vez se podría afirmar que la inteligencia artificial está presente cada vez más en el día a día, como por ejemplo cuando un algoritmo reconoce un rostro en una cámara fotográfica o en un Smartphone (García, 2013). El primer intento de definir la inteligencia artificial lo hizo Alan Turing al usar una máquina que formaliza los conceptos del modelo computacional que se usan hoy en día, demostrando que con las operaciones que usaba su máquina se podría decodificar cualquier algoritmo y que cualquier computadora tendría el conjunto de las mimas operaciones básicas de su máquina. Alan Turing en 1950 publicó un artículo donde creo un test para comprobar si una maquina podía actuar como humano o a afirmar si esa máquina es inteligente o no (Turing, 1950). Según el para que una maquina se pueda considerar inteligente debería tener las siguientes capacidades: Reconocimiento del lenguaje natural, razonamiento, aprendizaje y representación del conocimiento (Turing, 1950). Hoy en día se comenta de dos capacidades adicionales: Visión y robótica; otro concepto o condición que se usa para poder considerar a una maquina artificial como inteligente se conoce como el aprendizaje automático, por lo que si una maquina no es capaz de aprender del medio, de adaptarse al mismo difícilmente será considerada inteligente. Hoy en día son muchas las empresas y las universidades que investigan en este campo de la inteligencia artificial invirtiendo millones de dólares en laboratorios de inteligencia artificial. Algunas líneas de investigación en este campo son: La resolución de problemas complejos, la búsqueda informada y no informada, los juegos, el razonamiento de sistemas expertos y difusos, el aprendizaje las redes neuronales artificiales, el reconocimiento de patrones y el procesamiento digital de imágenes (García, 2013).

En la actualidad los diversos sistemas de datos e información a nivel mundial han generado una gran red de información, donde cada día la cantidad de datos que se manejan aumentan de manera exponencial; estos datos aumentan en la medida en que los usuarios acceden suministrando información tanto personal, como profesional etc. Esta información la cual es obtenida a través de registros en diversas bases de manera sistemática, aumenta por la cantidad y complejidad de la información que se maneja, aunque en ella se describe un patrón de actividad que permite utilizarla como por ejemplo un identificador en cada usuario, lo que permite facilitar algunos sistemas de detección de intromisiones de una manera más efectiva. Se evidencia que en cada dato existen unos comportamientos regulares a los cuales se les llama patrones, a quienes se les realiza una serie de análisis, investigaciones e implementaciones con técnicas robustas, ágiles y eficientes que se puedan modelar a través de ecuaciones y datos matemáticos, así como ajustarse o predecir los diversos cambios de comportamiento de los datos suministrados por los usuarios, a lo anterior se le conoce en la informática y en la inteligencia artificial como el reconocimiento de patrones, el cual se puede definir como el estudio de como las maquinas pueden "percibir" el entorno, de cómo las maquinas a partir de unos datos pueden tomar decisiones que podrían afirmarse como razonables con respecto a la naturaleza o a las categorías a las que pertenecen esos mismos patrones.

El ser humano es hasta ahora el mejor reconocedor de patrones, ya que para identificar un rostro, una voz, una ciudad, un olor, etc., el cerebro activa una serie de datos que al ser evaluados reconocen una particularidad o un patrón que permiten precisar qué entidad es la que se está, como por ejemplo, observando o percibiendo. En el área de la informática y de la inteligencia artificial, el reconocimiento de patrones, el procesamiento digital de imágenes entre otros… han generado un gran interés desde hace varios años referente a los pronósticos ya sean financieros, organizacionales, en la minería de datos, en la recuperación de datos, en los diagnósticos médicos, en la toma de decisiones, entre otros. Pero a pesar de que en este campo actualmente se han hecho grandes avances e innovaciones, estos tienen una limitante fundamental en el tiempo de ejecución cuando se manejan una gran cantidad de datos, o cuando el comportamiento de esos datos tiende a ser muy caóticos, esta limitante se conoce como el costo computacional; como consecuencia, los ingenieros dedicados al área de la inteligencia artificial han buscado nuevas alternativas para enfrentar este limitante (Curiotek , 2014) pero con la restricción de que estas alternativas al igual que los recursos ya implementados son desarrollados con el método clásico de información, donde su unidad fundamental es el bit.

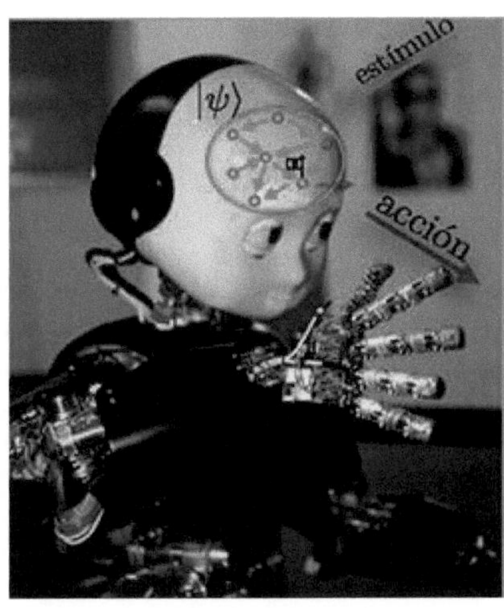

Figura 36. Representación de la Inteligencia artificial basada en las leyes de la mecánica cuántica.

Una alternativa para poder superar los anteriores inconvenientes y el limitante del costo computacional, es la del reconocimiento de patrones, la digitalización de imágenes, la teoría de juegos etc…usando algoritmos cuánticos. Una de las ventajas que se evidencia es el del llamado paralelismo cuántico, es decir a nivel cuántico una partícula puede estar en superposición coherente (puede ser un 0, un 1, o un 0 y 1 a la vez), lo que permite evaluar todos los datos al mismo tiempo disminuyendo en gran cantidad el limitante del costo computacional. Algunos algoritmos cuánticos usados para el reconocimiento de patrones, o la digitalización de imágenes se conocen como algoritmos cuánticos adiabáticos, que se basan en el teorema adiabático de la mecánica cuántica[30] fue Propuesto por Farhi, Goldstone y Gutmann en el año 2000, este tipo de algoritmo se basa en construir un Hamiltoniano que físicamente represente el problema a resolver de tal forma, que su evolución lenta en el tiempo corresponda a una búsqueda de la solución óptima al problema (Farhi, E; Goldstone, J.& Gutmann, S., 2000).

Hoy en día, diversas universidades de las más importantes en investigación a nivel mundial como son: USRA (Asociación de Universidades de Investigación

---

[30] Un sistema físico permanece en su estado propio instantáneo si la perturbación que actúa sobre él es lo bastante lenta y hay un salto energético entre su valor propio y el resto del espectro del Hamiltoniano o con el operador relacionado con la energía de un sistema cuántico (Born, M. & Fock, V., 1928)

Espacial), la red QIPC (red europea de investigación en computación cuántica), la Universidad Nacional de Australia, la Universidad de Tecnología de Delft, la universidad complutense de Madrid, IST de Lisboa, la Universidad Estatal de Moscú, la Universidad de Utah, la Universidad de Venecia, la Universidad de Verona entre otras…junto con varias empresas líderes en investigación de la información como son Google y la agencia de administración nacional de la aeronáutica y del espacio conocida como NASA, han comenzado a evidenciar el enorme potencial que tiene la inteligencia artificial cuántica (Q. A. I.) (Curiotek, 2014) (USRA, 2016), tanto así que las anteriores empresas en el año 2014 invirtieron millones de dólares en la construcción de un laboratorio de inteligencia artificial cuántica (Quantum Artificial Intelligence Laboratory o NASA's QuAIL) en el cual se pretende crear nuevos y revolucionarios algoritmos cuánticos para ser usados en los próximos años en el campo de la ingeniería aeroespacial y la inteligencia artificial como son en algoritmos cuánticos para el reconocimiento de patrones, el procesamiento de imágenes, la difusión de suavizado de datos de imágenes no euclidianas, el análisis de campos vectoriales y tensoriales entre otros (USRA, 2016).

Figura 37. NASA y Google: laboratorio de inteligencia artificial cuántica. Quantum Artificial Intelligence Laboratory o NASA's QuAIL

Para Nielsen & Chuang los algoritmos cuánticos permiten reducir enormemente el costo computacional que se genera en algunos programas que tienen una enorme cantidad de datos y variables, que con los métodos clásicos de computación generan una perdida enorme de tiempo en su ejecución (2010). En el presente año un equipo de físicos Chinos ha creado un computador cuántico el cual reconoce caracteres escritos a mano, a su vez han demostrado que algunos prototipos de computadores cuánticos son capaces de acelerar de forma exponencial, la velocidad a la que se llevan a cabo ciertas tareas de aprendizaje automático y en algunos casos la reducción del tiempo de cientos de miles de años a unos pocos segundos de ejecución (Matai, 2016). En resumen, la capacidad de control de calidad de los algoritmos cuánticos para realizar el procesamiento de la información en paralelismo cuántico y de búsqueda en enorme rapidez sobre conjuntos no ordenados de datos, promete grandes avances significativos en todo el del procesamiento de la información y de la inteligencia artificial, aunque este es un terreno muy poco explorado donde se necesita con urgencia científicos y sobre todo ingenieros que puedan aportar a este campo de la inteligencia artificial cuántica.

4.3 CRIPTOGRAFÍA CUÁNTICA

La criptografía es la disciplina que se encarga de diseñar procedimientos para cifrar códigos, es decir para ocultar algún información que se considera confidencial (Fuster, Hernández, et al, 2013). Esta disciplina esta tan antigua como la propia escritura, y actualmente debido a la cantidad de información que se comparte y se intercambia se hace necesario usar técnicas avanzadas de encriptación de códigos y de datos, por lo que la finalidad de la criptografía fundamentalmente es mantener la confidencialidad del mensaje y garantizar la autenticidad tanto del criptograma como del emisor y receptor a lo que se conoce como autentificación. Existen varios tipos de cifrado como son el cifrado en flujo, el cifrado en bloque y el cifrado múltiple, así como los diferentes métodos de cifrado en bloque (ECB, CBC, CFB, OFB, CTR, CMAC, CCM, GCM – GMAC y el XTS – AES), como el tipo de cifrado con teoría de números al que pertenece la técnica de cifrado publica más común la cual se conoce como criptosistema RSA, cuya seguridad se basa en la dificultad computacional de factorizar números enteros. Estos métodos son usados para poder disminuir el riesgo de los ataques que se hacen constantemente al sistema, por lo cual entidades como bancos, bases de datos militares entre otros, necesitan contar con muy buenos métodos de encriptación para poder mantener la confidencialidad de los datos que se manejan.

En el año de 1984 Gilles Brassard y Charles H. Bennett propusieron el primer protocolo de distribución cuántica de claves, el cual se convirtió en el primer protocolo de criptografía el cual se basaba en las leyes de la mecánica cuántica, conocido como el protocolo BB84 (Nielsen & Chuang, 2010). A partir de este protocolo de distribución cuántica de claves se han creado diferentes protocolos los cuales se han clasificado dependiendo del mecanismo y del número de qubits manejados para transmitir la información. Por un lado se encuentran los protocolos basados en la transmisión de un único qubit los cuales se conocen como protocolos basados en estados no ortogonales, entre ellos se encuentran los protocolos BB84, B92 y el protocolo conocido como SARG04; por otro lado están los protocolos basados en pares de qubits entrelazados los cuales son conocidos como protocolos basados en pares EPR (por la paradoja de Einstein-Podolsky-Rosen), entre ellos está el protocolo E92 propuesto por Ekert en el año de 1991 (Martínez, 2008). Según Jesús Martínez la implementación de cada grupo de protocolos es distinta, los protocolos basados en estados no ortogonales requiere de una fuente emisora y otra fuente receptora de fotones o de partículas, por otro lado los protocolos basados en pares EPR deben tener dos unidades receptoras de fotones o partículas conectadas a una misma fuente de emisión (2008).

Figura 38. Detector de fotones cuántico.

Para poder realizar una descripción de cada protocolo cuántico usado, se determinan a los dos interlocutores que transmiten y reciben la información como "Alice" y "Bob", y aun supuesto espía como "Eve". Alice y Bob están conectados a través de dos canales, un canal cuántico o privado y el otro público convencional autenticado, por lo que Eve podrá leer toda la información que se transmite entre Alice y Bob pero no podrá modificarla.

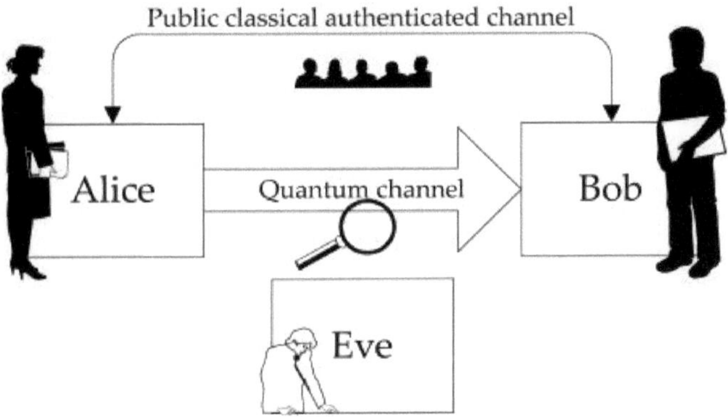

Figura 39. Distribución de claves cuánticas: comprende un canal cuántico privado y un canal público convencional autenticado.

Actualmente la criptografía cuántica ya ofrece productos comerciales debido a que no se necesita de la implementación de un computador cuántico para generar una distribución cuántica de claves. Desde el año 2002, las compañías Id Quantique, de Ginebra, MagiQ Technologies, de Nueva York, han ofrecido públicamente productos comerciales que envían una clave de criptografía cuántica, Id Quantique, que se describe a sí misma como: "Líder en el desarrollo de soluciones avanzadas de cifrado basadas en la criptografía clásica y cuántica", ofrece las soluciones que combina el cifrado a alta velocidad basado en el estándar AES, con la seguridad de una Distribución de Clave Cuántica (Ortiz, 2007). Por otro lado la Agencia Nacional de Seguridad de EEUU (NSA) anuncio que los algoritmos que se están usando actualmente para encriptar códigos de seguridad no son seguros, debido a la implementación de la informática cuántica y advierten que "cada vez hay más investigaciones en el área de computación cuántica, y se están logrando suficientes progresos para que la NSA tenga que actuar ahora" (NSA, 2016); ellos manifiestan que el problema es que nadie sabe cómo desarrollar una encriptación a prueba de computadores cuánticos. La agencia asegura que está colaborando con el Instituto Nacional de Estándares y Tecnología para elaborar unos nuevos algoritmos que puedan resistir la era de la informática cuántica que ya está comenzando. Esta búsqueda del alto nivel de seguridad es también uno de los objetivos del Centro de Investigación Cooperativa en Nanofotónica Semiconductora, encabezada por la Universidad Técnica de Berlín (Alemania) la cual está realizando continuas investigación en el campo de la criptografía cuántica. A continuación se presentan los principales protocolos de criptografía cuántica clasificados según el método de manejo de qubits para transmitir la información.

4.3.1 PROTOCOLOS BASADOS EN ESTADOS NO ORTOGONALES O DE TRANSMISIÓN DE UN ÚNICO QUBIT

4.3.1.1 PROTOCOLO BB84

Como se mencionó anteriormente, este protocolo fue el primer protocolo implementado de distribución cuántica de claves, fue implementado en 1984 en la conferencia internacional de computadores realizada en California, la idea de la implementación de este protocolo, es la de transmitir una clave binaria por un canal inseguro ya sea cuántico o convencional (Cáceres & Collao, 2016). La propiedad de la mecánica cuántica que se usa para poder realizar esta transmisión de información es la polarización de fotones. Este protocolo tiene dos canales de comunicación: una cuántica privada y la otra publica convencional.

En cuanto al canal cuántico privado, los dos interlocutores Alice y Bob intercambian la información a través de un conjunto de qubits codificados según los cuatro estados de polarización, los cuales se agrupan en dos bases de estados que son ortogonales entre sí (Martínez, 2008).

BASE	VALOR	ESTADO	SIGNIFICADO
B₊	↔	$\left\|\psi_{+0}\right\rangle$	Preparar el qubit en la base B₊ (polarización horizontal – vertical) con el valor 0.
B₊	↕	$\left\|\psi_{+1}\right\rangle$	Preparar el qubit en la base B₊ (polarización horizontal – vertical) con el valor 1.
Bₓ	↘	$\left\|\psi_{X0}\right\rangle$	Preparar el qubit en la base Bₓ (polarización diagonal) con el valor 0.
Bₓ	↙	$\left\|\psi_{X1}\right\rangle$	Preparar el qubit en la base Bₓ (polarización diagonal) con el valor 1.

Tabla 3. Nomenclatura de los estados: en función de la base y del valor asociado.

Las bases hacen referencia a los estados de polarización rectilíneos y oblicuos, a su vez se le asignan los siguientes valores binarios: 0 para las polarizaciones ↔ y ↘, 1 para las polarizaciones ↕ y ↙ , las cuales se relacionan a través de las ecuaciones dadas por:

$$\left|\psi_{X0}\right\rangle = \cos\frac{\pi}{4}\left|\psi_{+0}\right\rangle + sen\frac{\pi}{4}\left|\psi_{+1}\right\rangle \tag{123}$$

$$\left|\psi_{X1}\right\rangle = \cos\frac{\pi}{4}\left|\psi_{+0}\right\rangle - sen\frac{\pi}{4}\left|\psi_{+1}\right\rangle \tag{124}$$

El paso a paso de este protocolo según los creadores es el siguiente (Bennett & Brassard, 1984):

1- Alice genera una secuencia de valores aleatorios que corresponderá con la clave que desea intercambia con Bob.

2- Alice genera otra secuencia aleatoria, con las bases que utilizara para la codificación de la clave generada en el paso 1.

3- Alice codifica cada valor de la clave con la base correspondiente según la No 5 y envía la secuencia de qubits a Bob.

4- Bob genera una secuencia aleatoria con las bases que utilizara para decodificar la secuencia de estados recibidos del transmisor Alice.

5- Bob mide cada estado recibido en la base correspondiente a la secuencia generada.

6- Bob envía a Alice la secuencia de bases utilizada a través de un canal convencional público autenticado.

7- Alice compara la secuencia de bases que ha utilizado para la decodificación de la clave con la secuencia proporcionada por Bob en el paso 6, por lo que se quedara solo con aquellas mediciones para las que han coincidido ambas bases.

8- Ahora Alice y Bob comparten secuencia de valores formada por aquellos en las que las posiciones donde las bases de preparación y medición han coincidido.

9- Ahora se estima la presencia de un espía llamado Eve, se corrigen los errores y se amplifica el nivel de privacidad (Este paso siempre se realiza al final en cualquier protocolo de criptografía cuántica).

Se debe mencionar que un posible espía Eve no tiene información durante el proceso de transmisión de la información entre Alice y Bob, por lo que Eve solo podrá acertar en un 50% de los casos. Eve al intentar leer la información enviada por el transmisor al receptor modifica la información (por el concepto de decoherencia) lo que generaría que Bob reciba la información con una tasa de error del 25% (la mitad de la probabilidad) lo cual indicara inmediatamente la presencia del espía Eve, al igual que el teorema de la no- clonación no permite que Eve clone o copie la información suministrada por Alice a Bob, lo cual ocurre en el paso 9 del protocolo.

4.3.1.2 PROTOCOLO B92

Charles Bennett en el año de 1992 propone un protocolo que se basa en una modificación del protocolo BB84 el cual se conoce como el protocolo B92. En este caso, el protocolo B92 utiliza solo dos estados para la codificación de cada valor de la clave que se va a intercambiar entre Alice y Bob (Bennett, 1992). Según Jesús Martínez, este protocolo realmente no posee ventajas sobre el protocolo BB84 por lo que su uso es mas en un contexto académico (2008). El paso a paso de este protocolo según el creador es el siguiente (Bennett, 1992):

1- Alice y Bob se ponen de acuerdo para decidir el tamaño n, de la secuencia de bits a intercambiar.

2- Alice genera una secuencia de bits aleatorios dados por $a = \{0,1\}^n$.

3- Bob genera una secuencia aleatoria de bases dados por $b = \{B_+, B_X\}^n$.

4- Alice codifica cada bit de la secuencia con su estado correspondiente, según las siguientes condiciones:

- Si $a_i = 0 \rightarrow$ utiliza el estado $|\psi_{+0}\rangle$.
- Si $a_i = 1 \rightarrow$ utiliza el estado $|\psi_{X1}\rangle$.

5- Bob interpreta cada estado recibido por Alice a través del canal cuántico utilizando la base correspondiente según la secuencia del paso 2.

- Si la base elegida es B_+:

    - Si el valor obtenido es $|\psi_{+0}\rangle$, descarta el valor.

    - Si el valor obtenido es $|\psi_{+1}\rangle$, registra un 1.

- Si la base elegida es B_X:

    - Si el valor obtenido es $|\psi_{X0}\rangle$, descarta el valor.

    - Si el valor obtenido es $|\psi_{X1}\rangle$, registra un 1.

6- Bob envía a Alice aquellas posiciones en las que ha registrado un 1.

7- Alice utilizara como clave los valores de la secuencia de bits generada en el paso 1 los cuales corresponden con las posiciones publicadas por Bob en el paso 6.

8- Ahora se estima la presencia de un espía llamado Eve, se corrigen los errores y se amplifica el nivel de privacidad.

4.3.1.3 PROTOCOLO SARG04

En el año 2004 Valerio Scarani, Antonio Acin, Gregoire Ribordy y Nicolas Gisin propusieron una versión alterna al protocolo BB84 el cual pretende incrementar el nivel de seguridad de la distribución cuántica de claves frente a los ataques conocidos como ataques por división del número de fotones[31] (Scarani, et al., 2004). La diferencia entre este protocolo y el BB84 es que Alice anuncia por el canal público convencional uno de los cuatro pares de estados no ortogonales, en lugar de intercambiar las bases utilizadas (Martínez, 2008). Los cuatro pares de estados no ortogonales se definen mediante la ecuación:

$$fx, y = \left\{ \left|\psi_{+x}\right\rangle, \left|\psi_{Xy}\right\rangle \right\}$$
(125)

Respecto al protocolo BB84, este protocolo aumenta el nivel de seguridad respecto a los ataques PNS, ya que en este tipo de ataque, Eve obtiene la información a intercambiar a través de los fotones o de las partículas que sobran debido a los pulsos intensos de medición de los qubits. En el protocolo SARG04 el espía no podría obtener la información debido a que no posee la manera de

---

[31] También conocido como PNS, se basan en la imprecisión de las fuentes de emisión de fotones individuales.

comprobar si las bases utilizadas coinciden o no con loas enviadas por el emisor al receptor.

Para la descripción del paso a paso de este protocolo, se reasigna los valores del protocolo BB84 de acuerdo a la siguiente tabla:

BASE	ESTADOS B$_+$	ESTADOS B$_X$	VALOR ASIGNADO
B$_+$	$\left\lvert \psi_{+0} \right\rangle$	$\left\lvert \psi_{X0} \right\rangle$	0
B$_+$	$\left\lvert \psi_{+1} \right\rangle$	$\left\lvert \psi_{X1} \right\rangle$	1

Tabla 4. Nomenclatura de los estados para el protocolo SARG04.

El paso a paso de este protocolo según los creadores, es el siguiente (Scarani, et al., 2004):

1- Alice genera dos secuencias aleatorias de un mismo tamaño n, una secuencia de bases y otra de valores, a partir de los elementos que ocupan una posición especifica i en amabas secuencias, el emisor Alice obtiene el estado asociado y lo envía al receptor Bob a través del canal cuántico privado.

2- Bob genera una secuencia de bases de tamaño igual a las generadas por Alice, luego interpreta cada estado recibido con la base correspondiente.

3- Alice manifiesta por el canal convencional público una pareja de estados correspondientes a una de las bases utilizadas y en el mismo lugar donde debe aparecer el estado enviado.

4- Bob interpreta el resultado obtenido asi:

- Si para la bases utilizada por Bob en el proceso de medida, el estado obtenido es el mismo que Alice ha publicado, el resultado no es concluyente, por lo que el receptor descarta este valor.

- Si Bob mide un estado distinto al que Alice público para la base utilizada, el receptor tiene la certeza de que ha utilizado la base incorrecta, por lo que el estado anunciado por el emisor para la otra base es la correcta.

5- Con el paso anterior, Bob envía a Alice las posiciones donde tiene la certeza de conocer el estado intercambiado.

6- Alice y Bob comparten una clave idéntica en los extremos de comunicación, de tamaño aproximado a un ¼ de la secuencia de los estados que fueron enviados.

7- Ahora se estima la presencia de un espía llamado Eve, se corrigen los errores y se amplifica el nivel de privacidad.

4.3.2 PROTOCOLO BASADO EN PARES ENTRELAZADOS O EN PARES EPR.

4.3.2.1 PROTOCOLO E91

Este protocolo fue desarrollado por Artur Ekert en el año de 1991, este protocolo utiliza fotones entrelazados los cuales pueden ser preparados por Alice, por Bob, o algún tercero, los cuales son distribuidos de manera que Alice y Bob tengan un fotón o partícula de cada par (Cáceres & Collao, 2016). Este protocolo es el primero que se fundamenta en el concepto de la mecánica cuántica conocido como el entrelazamiento cuántico.

Como Alice y Bob poseen fotones o partículas entrelazadas, la medición del spin de una da el opuesto de la medición del spin de la otra partícula o fotón. Como los resultados son aleatorios no se podría predecir si Bob o Alice obtendrían una medición del spin horizontal u oblicuo como por ejemplo. Por otro lado por el concepto de decoherencia el espía Eve no podría hacer la medición de la información sin antes estropear o dañar la correlación por lo que de esa manera el emisor y el receptor podrían detectar que hay un espía cuando comprueben la información a través del canal convencional público ya que el resultado debe ser una clave idéntica entre Alice y Bob. Para describir el paso a paso del protocolo se debe dar por hecho que tanto Alice como Bob conocen el momento exacto en el que se empieza la emisión de las partículas o fotones entrelazados (Martínez, 2008). El paso a paso de este protocolo según el creador, es el siguiente (Ekert, 1991):

1- Alice genera una secuencia de bases perfectamente aleatoria.

2- Bob genera otra secuencia de bases perfectamente aleatoria.

3- La fuente comienza la emisión de pares entrelazados hacia ambos extremos de la comunicación.

4- Alice interpreta cada estado recibido utilizando la base B_+ o B_x, según ya sea la secuencia generada en el paso 1.

5- Bob realiza la misma interpretación que Alice de los estados recibidos, con respecto a la secuencias de bases generadas por el paso 2.

6- El emisor y el receptor repiten los pasos 4 y 5 hasta que la fuente deja de emitir pares entrelazados, en ese momento Alice y Bob intercambian la secuencia de bases utilizadas en cada medida.

7- Alice o Bob responde al otro con una secuencia de valores indicando en que base realizo cada medida.

8- Ahora se estima la presencia de un espía llamado Eve, se corrigen los errores y se amplifica el nivel de privacidad.

En un trabajo de grado realizado en el año 2014 llamado "Metaanálisis del estado actual de la criptografía cuántica identificando las áreas de desarrollo e implementación", se pudo determinar a través de análisis estadísticos los países que

más estaban usando la criptografía cuántica y que protocolo era más usado, los
cuales fueron registrados en las siguientes tablas (Hernández & Reyes, 2014):

Protocolo	%
B92	17,24%
BB84	51,72%
Determinístico de un bit	3,45%
ERP	3,45%
Estándar Bipolar	3,45%
GV95	6,90%
No determinísticos (BB84)	3,45%
Q3P	3,45%
SARG	3,45%
SARG04	6,90%
	100%

País	%
Austria	3,45%
Brasil	3,45%
China	10,34%
España	17,24%
Estados Unidos	20,69%
Francia	3,45%
Israel	3,45%
Japón	6,90%
Corea	3,45%
Polonia	6,90%
Reino Unido	3,45%
Rusia	3,45%
Suecia	3,45%
Suiza	10,34%
Taiwán	3,45%
	100%

Tabla 5. Porcentajes: Protocolos de criptografía cuántica y países.

Lo que permite evidenciar que países como Estados unidos, España, Suiza y China
están invirtiendo fuertemente en la investigación de la distribución cuántica de
claves, aunque existen protocolos que son muy poco trabajados o explorados como
son los basados en pares entrelazados entre otros.

GLOSARIO

BIT: Bit (Binary Digit o digito binario), es la menor unidad de información de una computadora. Un bit puede tomar solo un valor (que puede ser 0 o 1). Una cantidad de 8 bits combinados entre sí forman un byte[32]. Toda la información procesada por una computadora es medida y codificada en bits. El tamaño de los archivos son medidos en bits, las tasas de transferencia son medidas en bit, toda la información en el lenguaje del usuario es convertida a bits para que la computadora la "entienda", etc.

Bosón: Es uno de los dos tipos básicos de partículas elementales de la naturaleza. La denominación "bosón" fue dada en honor al físico indio Satyendra Nath Bose. Estos se caracterizan por tener un espín entero (0,1,2,...). No cumplen el principio de exclusión de Pauli y siguen la estadística de Bose-Einstein. Esto hace que presenten un fenómeno llamado condensación de Bose-Einstein (el desarrollo de máseres y láseres fue posible puesto que los fotones de la luz son bosones). La función de onda cuántica que describe sistemas de bosones es simétrica respecto al intercambio de partículas. Por el teorema espín-estadística sabemos que la segunda y tercera característica son consecuencias necesarias de la primera. Algunos bosones, aunque se comportan como bosones, de hecho están compuestos de otras partículas. Por ejemplo, los núcleos de átomos de helio, bajo ciertas condiciones, se comportan como bosones aun cuando están compuestos por cuatro fermiones que, a su vez, no son elementales cuando son examinados en experimentos de muy alta energía[33].

Cálculo Lambda: Fue introducido por Alonzo Church y Stephen Kleene con el objetivo de dar una teoría general de las funciones es un sistema formal diseñado para definir funciones, la forma de utilizarlas y la recursión. Es utilizado como un fundamento de lenguajes de programación porque aporta una sintaxis básica de programación, la semántica para el concepto e función en la transformación de

---

[32] Tomado de: Informática Hoy [En línea] (http://archivo.eluniversal.com.mx/computacion-tecno/2014/china-construira-red-comunicacion-cuantica-96946.html). Consultado el 28 de Mayo del 20.

[33] Tomado de: Wikipedia [En línea] (https://es.wikipedia.org/wiki/Bos%C3%B3n). Consultado el 5 de Agosto del 2020.

argumentos en resultados y una forma de definir primitivas de programación[34].

Consulta: En bases de datos, una consulta es el método para acceder a los datos en las bases de datos. Con las consultas se puede modificar, borrar, mostrar y agregar datos en una base de datos. Para esto se utiliza un lenguaje de consultas[35].

Criptografía: (del griego κρύπτος '(criptos), «oculto», y γραφη (grafé), «grafo» ó «escritura», literalmente «escritura oculta»). Tradicionalmente se ha definido como el ámbito de la criptología el que se ocupa de las técnicas de cifrado o codificado destinadas a alterar las representaciones lingüísticas de ciertos mensajes con el fin de hacerlos ininteligibles a receptores no autorizados, estas técnicas se utilizan tanto en el Arte como en la Ciencia[36].

Entidad: Es cualquier objeto o evento del cual se puedan recolectar datos.

Espín: El espín es un momento angular que pueden tener las partículas por el hecho de existir, que se llama 'intrínseco' y no está asociado con giro o movimiento angular. El espín del electrón es 1/2, el del fotón es 1, el del bosón de Higgs es 0. El espín del protón, el núcleo del átomo de hidrógeno, también es 1/2, y el campo magnético debido a su espín se mide con extraordinaria precisión en los aparatos de resonancia magnética nuclear que se utilizan en imagen médica[37].

Experimento de Young: También denominado experimento de la doble rendija, fue realizado en 1801 por Thomas Young, en un intento de discernir sobre la naturaleza corpuscular u ondulatoria de la luz. Young comprobó un patrón de interferencias en la luz procedente de una fuente lejana al difractarse en el paso por dos rejillas, resultado que contribuyó a la teoría de la naturaleza ondulatoria de la luz. Posteriormente, la experiencia ha sido considerada fundamental a la hora de

---

[34] Tomado de: Cecilia Urbina [En línea] (http://ceciliaurbina.blogspot.com.co/2010/11/calculo-lambda.html). Consultado el 28 de Mayo del 2020.

[35] Tomado de: Alegsa [En línea]
(http://www.alegsa.com.ar/Dic/consulta%20en%20base%20de%20datos.php#sthash.FV7NEoO3.dpuf).
Consultado el 28 de febrero del 2020.

[36] Tomado de: Wikipedia [En línea] (https://es.wikipedia.org/wiki/Criptograf%C3%ADa). Consultado el 5 de Agosto del 2020.

[37] Tomado de: Centro Nacional de Partículas. [En línea] (https://www.i cpan.es/detallePregunta.php?id=14). Consultado el 28 de Mayo del 2020.

demostrar la dualidad onda corpúsculo, una característica de la mecánica cuántica. El experimento también puede realizarse con electrones, protones o neutrones, produciendo patrones de interferencia similares a los obtenidos cuando se realiza con luz[38].

Fermión: Llamado así en honor al célebre científico italiano Enrico Fermi, es uno de los dos tipos básicos de partículas que existen en la naturaleza. Los fermiones se caracterizan por tener espín semi-entero (1/2, 3/2, ...). En el modelo estándar existen dos tipos de fermiones fundamentales, los quarks y los leptones. En el modelo estándar de física de partículas los fermiones se consideran los constituyentes básicos de la materia, que interactúan entre ellos vía bosones de gauge[39].

Física cuántica: El concepto de física cuántica hace referencia a todos los hechos que han de ser explicados bajo la perspectiva de la teoría cuántica, de la estructura atómica, de la física molecular, etc. A grandes rasgos, en la física cuántica se estudian los fenómenos en los cuales las características cuánticas son esenciales y se pueden expresar en términos de la física cuántica más básica, desde el punto de vista teórico[40].

Fotón: Es el cuanto de energía y momentum electromagnéticos que una partícula cargada emite o absorbe en un solo proceso. Es la partícula elemental responsable de las manifestaciones cuánticas del fenómeno electromagnético. Es la partícula portadora de todas las formas de radiación electromagnética, incluyendo los rayos gamma, los rayos X, la luz ultravioleta, la luz visible (espectro electromagnético), la luz infrarroja, las microondas y las ondas de radio. El fotón tiene una masa invariante cero, y viaja en el vacío con una velocidad constante c (velocidad de la luz 300.000 km/sg). Como todos los cuantos, el fotón presenta tanto propiedades corpusculares como ondulatorias ("dualidad onda-corpúsculo"). Se comporta como una onda en fenómenos como la refracción que tiene lugar en una lente, o en la

---

[38] Tomado de: Wikipedia [En línea] (https://es.wikipedia.org/wiki/Experimento_de_Young). Consultado el 5 de Agosto del 2020.

[39] Tomado de: Wikipedia [En línea] (https://es.wikipedia.org/wiki/Fermi%C3%B3n). Consultado el 5 de Agosto del 2020

[40] TERÁN, David. Introducción a la computación cuántica para ingenieros. México: Alfaomega, 2012.

cancelación por interferencia destructiva de ondas reflejadas; sin embargo, se comporta como una partícula cuando interactúa con la materia para transferir una cantidad fija de energía[41].

HBT: Heterojunction bipolar transistor, es un tipo de transistor de unión bipolar (BJT), que utiliza materiales semiconductores diferentes para las regiones de emisor y la base, para la creación de una heterounión. El HBT mejora en el BJT en que puede manejar señales de frecuencias muy altas, de hasta varios cientos de GHz. Se utiliza comúnmente en los circuitos ultrarrápidos modernos, la mayoría de radiofrecuencia (RF) de sistemas, y en aplicaciones que requieren una alta eficiencia de potencia, tales como amplificadores de potencia de RF usados en los teléfonos celulares[42].

HEMT: Acrónimo del inglés High electron mobility transistor (Transistor de alta movilidad de electrones), también conocidos como HFET, acrónimo de Heterostructure FET (FET de Heteroestructura, que a su vez es el acrónimo de Field Effect Trasistor, transistor de efecto de campo) o también MODFET, Modulation-doped FET (Transistor FET de dopado modulado). Son un tipo de transistor de efecto de campo que incorpora una unión entre dos materiales con diferentes bandas prohibidas, una heterounión, como canal de conducción en vez de una región dopada[43].

Informática cuántica: Es el procesamiento automático de información empleando las leyes de la mecánica cuántica, las cuales se hacen digitalmente a través de las computadoras cuánticas, formadas por bits cuánticos (quantum bits) o qubits[44].

JFET: Junction Field-Effect Transistor, (en español transistor de efecto de campo de juntura o unión) es un dispositivo electrónico, esto es, un circuito que, según unos valores eléctricos de entrada, reacciona dando unos valores de salida. En el caso

---

[41] Tomado de: Wikipedia [En línea] (https://es.wikipedia.org/wiki/Fot%C3%B3n). Consultado el 10 de Agosto del 2020

[42] Tomado de: Wikipedia [En línea] (https://es.wikipedia.org/wiki/Transistor_de_uni%C3%B3n_bipolar). Consultado el 10 de Agosto del 2020

[43] Tomado de: Wikipedia [En línea] (https://es.wikipedia.org/wiki/Transistores_HEMT). Consultado el 10 de Agosto del 2020

[44] TERÁN, David. Introducción a la computación cuántica para ingenieros. México: Alfaomega, 2012.

de los JFET, al ser transistores de efecto de campo eléctrico, estos valores de entrada son las tensiones eléctricas, en concreto la tensión entre los terminales S (fuente) y G (puerta), VGS. Según este valor, la salida del transistor presentará una curva característica que se simplifica definiendo en ella tres zonas con ecuaciones definidas: corte, óhmica y saturación[45].

Leptón: Es una partícula con espín -1/2 en el caso de los neutrinos y +/- 1/2 en los demás leptones (un fermión) que no experimenta interacción fuerte. Los leptones forman parte de una familia de partículas elementales conocida como la familia de los fermiones, al igual que los quarks[46].

Mecánica Cuántica: El concepto de mecánica cuántica hace referencia al estudio de los fundamentos de la teoría cuántica, a su base teórica, al formalismo como por ejemplo las diferentes visiones de la evolución de los estados como la imagen de Schrödinger. En general, tal y como lo menciona Terán[47] , la mecánica cuántica es la parte que desarrolla el constructo teórico que sirve de base para las teorías que se usan[48].

Notación bra-ket: También conocida como notación de Dirac, es la notación estándar para describir los estados cuánticos en la teoría de la mecánica cuántica. Puede también ser utilizada para denotar vectores abstractos y funcionales lineales en las matemáticas puras. Es así llamada porque el producto interior de dos estados es denotado por el "paréntesis angular" (angle bracket, en inglés), $\langle \phi | \psi \rangle$, consistiendo en una parte izquierda, $\langle \phi |$, llamada el bra, y una parte derecha, $| \psi \rangle$, llamada el ket. La notación fue introducida en 1939 por Paul Dirac Paul Dirac , aunque la notación tiene precursores en el uso del lingüista y matemático alemán Hermann Grassmann de la notación [φ|ψ] para sus productos internos casi 100 años antes[49].

---

[45] Tomado de: Wikipedia [En línea] (https://es.wikipedia.org/wiki/JFET). Consultado el 10 de Agosto del 2015
[46] Tomado de: Centro Nacional de Partículas. [En línea] (https://www.i cpan.es/detallePregunta.php?id=14). Consultado el 28 de Mayo del 2020.
[47] TERÁN, David. Introducción a la computación cuántica para ingenieros. México: Alfaomega, 2012.
[48] TERÁN, David. Introducción a la computación cuántica para ingenieros. México: Alfaomega, 2012.
[49] Tomado de: Wikipedia [En línea] (https://es.wikipedia.org/wiki/Notaci%C3%B3n_bra-ket). Consultado el 10 de Agosto del 2020

QUBIT Es un sistema cuántico con dos estados propios y que puede ser manipulado arbitrariamente. Se trata de un sistema que sólo puede ser descrito correctamente mediante la mecánica cuántica, y que solamente tiene dos estados bien distinguibles mediante medidas físicas. También se entiende por qubit la información que contiene ese sistema cuántico de dos estados posibles. En esta acepción, el qubit es la unidad mínima y por lo tanto constitutiva de la teoría de la información cuántica[50].

Quarks: Junto con los leptones, son los constituyentes fundamentales de la materia. Varias especies de quarks se combinan de manera específica para formar partículas subatómicas tales como protones y neutrones. Los quarks son las únicas partículas fundamentales que interactúan con las cuatro fuerzas fundamentales del universo (fuerza gravitacional, fuerza electromagnética, fuerza nuclear fuerte, fuerza nuclear débil)[51].

---

[50] Tomado de: Wikipedia [En línea] (https://es.wikipedia.org/wiki/Qubit). Consultado el 5 de Agosto del 2020
[51] Tomado de: Wikipedia [En línea] (https://es.wikipedia.org/wiki/Quark). Consultado el 5 de Agosto del 2020

BIBLIOGRAFÍA

Aczel, A. (2002). Entanglement: The Greatest Mystery in Physics, Avalon Publishing Group. U.S.A.

Alegsa (2016). Diccionario de Informática y tecnología. [En línea] (http://www.alegsa.com.ar/Dic/consulta%20en%20base%20de%20datos.php#sthash .FV7NEoO3.dpuf). Consultado el 28 de febrero del 2016.

Alonso, M. & Finn, E. (1995). Physics. Addison -Wesley Publishing Company, Inc., Reading Massachusetts. U.S.A.

Alonso, M. & Finn, E. (1968). Fundamental University Physics, Volume III, Quantum and Statistical Physics. Addison -Wesley Publishing Company, Inc., Reading Massachusetts. U.S.A.

Apostol, T. (1981). Mathematical Analysis. Second Edition. California Institute of technology. Addison – Wesley Publishing Company, Inc. U.S.A.

Benioff, P. (1980). The computer as a Physical System. Journal of statiscal physics. U.S.A.

Bennett, C. & Brassard, G. (1984). Quantum cryptography: Public key distribution and coin tossing. IEEE International Conference on Computers. Los Alamos. U.S.A.

Bennett, C. (1992). Quantum cryptography: Using any two No orthogonal states. Phys. Rev. Lett. U.S.A.

Biever, C. (2016). "China's quantum space pionner: We need to explore the unknown", Nature International Weekly Journal of Science, U.S.A. [En línea] (http://www.nature.com/news/china-s-quantum-space-pioneer-we-need-to-explore-the-unknown-1.19166). Consultado el 6 de febrero del 2016.

Born, M. & Fock, V. (1928). Beweis des Adiabatensatzes. Zeitschrift für Physik, Germany.

Born, M. (1962). Atomic Physics (8th.ed.) Blackie & Son Ltd. New York. U.S.A.

Boxbyte (2009). Logran ejecutar el algoritmo de Shor en un chip de silicio. FayerWayer Dosis diarias de tecnología en español. [En línea] (https://www.fayerwayer.com/2009/09/logran-ejecutar-el-algoritmo-de-shor-en-un-chip-de-silicio/). Consultado el 14 de Mayo del 2016.

Brown, J. (2000). Minds, Machines, and the Multiverse. Simon & Schuster. New York. U.S.A.

Brown, J. (2010). The Quest for the quantum computer, Simon &Schuster. New York. U.S.A.

Cáceres, L. & Collao, P. (2016). Análisis de las fortalezas de seguridad de los protocolos de criptografía cuántica BB84 y E91 a través de un prototipo. XVI convención y feria internacional de informática 2016. La Habana. Cuba.

Calderón, O., Jiménez, D., Guzmán, D. & Valencia, A. (2014). Reconstrucción experimental para los grados de libertad de polarización y camino: un paso hacia la codificación de dos qubits en un solo fotón. MOMENTO - Revista de Física # 48. Bogotá D.C. Colombia.

Cassinello, A & Sanchez, J. (2012). La realidad Cuántica. Editorial Crítica. Barcelona. España.

Cheang J. (2005) Ley de Moore, nanotecnología y nanociencias: síntesis y modificación de nanopartículas mediante la implantación de iones. UNAM Revista Digital Universitaria. Volumen 6 Número 7. México D.F. México.

Chen S. (2015). South China Morning Post. [En línea] (http://www.scmp.com/news/china/article/1631479/china-launch-hack-proof-quantum-communication-network-2016?page=all). Consultado el 6 de Julio del 2015.

Chetzyl, I. & Estrada, F. (2010). Bondades de las comunicaciones cuánticas. Trabajo de grado. Instituto politécnico nacional. México D.F. México.

Cirac, J & Zoller, P. (1995). Quantum Computations with Cold Trapped Ions. Physical Review Letters. American Physical Society. U.S.A.

Cirac, J & Shi, T. (2013). Topological phenomena in trapped-ion systems. American Physical Society. U.S.A.

Cirac J. (2014). Conferencia: Física Cuántica del gato de Schödinger al ordenador del futuro. Semana de la ciencia. Universitat Politécnica de Valéncia. Campus D'Alcoi. Valencia, España.

Cirac, J. (2015). Conferencia: ¿Cómo serán los superordenadores del futuro?. Fórum Impulsa 2015. España.

Compton, A. (1923). A Quantum theory of the scattering of X-Rays by light elements. Great experiments in physics. California. U.S.A.

Cox, B. (2014). The Quantum Universe: Everything that can happen does happen. Penguim Random House Group Editorial, S.A.U. Londres, Inglaterra.

CPAN (2016). Centro Nacional de Partículas. España. [En línea] (https://www.i cpan.es/detallePregunta.php?id=14). Consultado el 28 de Mayo del 2016.

Cuellar, A. (2014). Un acercamiento a través del lenguaje de programación TI-Basic a la variable como relación funcional, Tesis de Grado. Universidad Del Valle. Santiago de Cali, Colombia.

Cuellar, A.; Saint-Priest, Y.; Parada, A. & García, C. (2018). Informática Cuántica: un acercamiento a sus métodos, desarrollos y aplicaciones. Ingenium, vol. 11, no. 31. Colombia.

Curiotek. (2014). Inteligencia Artificial Cuántica (IAC): Una Nueva Perspectiva en la Ciencia de la Computación. Ciencia. España. [En línea] (http://curiotek.com/2014/10/14/inteligencia-artificial-cuantica-iac-una-nueva-perspectiva-en-la-ciencia-de-la-computacion/). Consultado el 30 de Mayo del 2016.

Darwish, N. (2012). Computación cuántica. Universidad de La Laguna. Tenerife. España

Deutsch, D. & Jozsa, R. (1992). Rapid solution of problems by quantum computation. Proceedings Royal Society of London. England.

Díaz, A. (2015). Projective quantum measurement in the lambda calculus. Workshop del Laboratorio Internacional Asociado INFINIS. Buenos Aires. Argentina.

Dickerson, K. (2015). Seven awesome ways quantum computers will change the world. Bussines Insider. U.S.A. [En línea] (http://www.businessinsider.com/quantum-computers-will-change-the-world-2015-4). Consultado el 2 de Junio del 2016.

Duarte, J. & Velasco, J. (2014). Hardware emulation of quantum circuits based on Toffoli gates. Grupo de Bionanoelectrónica. Universidad del Valle. Santiago de Cali. Colombia.

Eisber, R. & Resniick, R. (1985). Quantum physics of Atoms, Molecules, Solids, Nuclei, and Particles. Second Edition.University of California. Santa Barbara. U.S.A.

Ekert, A. (1991). Quantum cryptography based on Bell's theorem. Am. Phys. Soc., vol. 67, no. 6, pp. 661–663. U.S.A.

El Universal. (2014). Tecnología [En línea] (http://archivo.eluniversal.com.mx/computacion-tecno/2014/china-construira-red-comunicacion-cuantica-96946.html). Consultado el 6 de Julio del 2015.

Farhi, E; Goldstone, J. & Gutmann, S. (2000). Quantum Computation by Adiabatic Evolution. Quantum Physics. U.S.A. [En línea] (http://arxiv.org/abs/quant-ph/0001106). Consultado el 2 de Junio del 2016.

Fernández, P. & Fermín, J. (2008). Fundamentos de física cuántica para ingeniería. Editorial Limusa. México D.F., México.

Feynman R. (1963). The Feynman Lectures on Physics, Mainly Mechanics, Radiation and Heat. Volume I. California Institute of Technology. U.S.A.

Feynman R. (1966). The Feynman Lectures on Physics. Volume III: Quantum Mechanics. California Institute of Technology. U.S.A.

Feynman R. (1995). Six Easy pieces. Essential of Physics explained by its most brilliant Teacher. California Institute of Technology. U.S.A.

Feynman, R. (1996). Feynman lectures on computing. Addison Wesley. New York. U.S.A.

Franco, A. (2010). Análisis de Fourier. [En línea] (http://www.sc.ehu.es/sbweb/fisica/ondas/fourier/Fourier.html). Consultado el 30 de Diciembre del 2015.

Fuster, A., Hernández, L., Martin, A., Montoya, F. & Muñoz, J. (2013). Criptografía, protección de datos y aplicaciones. Instituto de seguridad de la información. CSIC. Madrid. España.

García, A. (2013). Inteligencia Artificial: Fundamentos, practica y aplicaciones. Editorial Alfaomega. Mexico D.F. Mexico.

Gratton, J. (2004). Introducción a la Mecánica Cuántica. Universidad de Buenos Aires. Argentina.

Grover, L. (1996). A fast quantum mechanical algorithm for database search. Bell Labs, Murray Hill NJ. U.S.A.

Grover, L. (2001). From Schrödinger's Equation to the Quantum Search Algorithm. Bell Labs, Murray Hill NJ. U.S.A.

Hecht, J. (2005). Fundamentos de computación cuántica, para su aplicación en teoría de la información cuántica y criptografía cuántica. Universidad de Buenos Aires. Argentina.

Heisenberg, W. (1932). The Physical Principles of the Quantum Theory. University of Chicago Press. U.S.A.

Hellemans, A. (2016). Quantum Computing With Ordinary CMOS Transistors. IEEE advancing technology for humanity. U.S.A.

Hernández, A. & Reyes, A. (2014). Metaanálisis del estado actual de la criptografía cuántica identificando las áreas de desarrollo e implementación. Universidad Católica de Colombia. Programa de ingeniería de sistemas, Tesis de grado. Bogotá D. C. Colombia.

Hsu, J. (2015). How Much Power Will Quantum Computing Need?. IEEE advancing technology for humanity. U.S.A.

Informática Hoy. (2016). Aprender Informática. [En línea] (http://archivo.eluniversal.com.mx/computacion-tecno/2014/china-construira-red-comunicacion-cuantica-96946.html). Consultado el 28 de Mayo del 2016.

Kaku, M. (2014). Physics of the future: How science will shape human destiny and our daily lives by the year 2100.4th Edition. Doubleday. New York. U.S.A.

Martínez, J. (2008). Criptografía cuántica aplicada. Grupo de investigación en información y computación cuántica. Facultad de informática. Universidad Politécnica de Madrid. Madrid. España.

Matai, D. (2016). Artificial Intelligence & Quantum Computing: Utopia or Dystopia?. Quantum Innovation Labs. Linkedin. U.S.A. [En línea] (https://www.linkedin.com/pulse/artificial-intelligence-quantum-computing-utopia-dystopia-dk-matai). Consultado el 5 de Junio del 2016.

Moret, V. (2013). Principios fundamentales de computación cuántica. Universidad De A Coruña. Coruña, España.

NASA (2020). NASA: Advanced Supercomputing Division. Quantum Computing. U.S.A.

National Security Agency. (2016). Central Security Service, U.S.A. [En línea] (https://www.nsa.gov/ia/programs/suiteb_cryptography/). Consultado el 6 de Febrero del 2016.

Nielsen, M. & Chuang, I. (2010). Quantum Computation and Quantum Information, 10th Anniversary Edition. Cambridge University Press. Cambridge, U.S.A.

Nordrum, A. (2016). Quantum Computer Comes Closer to Cracking RSA Encryption. IEEE advancing technology for humanity. U.S.A.

NSA. (2016). National Security Agency. Central Security Service, U.S.A. [En línea] (https://www.nsa.gov/ia/programs/suiteb_cryptography/). Consultado el 11 de Junio del 2016.

Ortiz, H. (2007). Fundamentos de criptografía cuántica. Tesis de grado. Universidad EAFIT. Departamento de informática y sistemas. Medellín. Colombia.

Oskin, M., Stock, J. & Barajas, A. (2001) Rapid Localization of pacific-North America plate motion in the golf California. U.S.A

Prieto, A. (2015). Computación cuántica y su realización física. La web de física. España. [En línea] (http://www.lawebdefisica.com/files/trabajos/computacion-cuantica.pdf). Consultado el 3 de Abril del 2016.

Quo. (2016) Ciencia. Hearst España S.L. [En línea] (http://www.quo.es/ciencia/logran-entrelazar-tres-fotones-en-tres-dimensiones) Consultado el 19 de Marzo del 2016.

Rua, J. & Branch, W. (2009). Estado del arte de la computación cuántica. Escuela de Sistemas e Informática. Universidad Nacional de Colombia. Medellín. Colombia.

Scarani, V. Acin, A. Ribordy, G. & Gisin, N. (2004). Quantum cryptography protocols robust against photon number splitting attacks for weak laser pulse implementations. Phys. Rev. Lett. U.S.A.

Simonite, T. (2016). "The Tiny Startup Racing Google to Build a Quantum Computing Chip", MIT Technology Review, U.S.A. [En línea] (https://www.technologyreview.com/s/600711/the-tiny-startup-racing-google-to-build-a-quantum-computing-chip/). Consultado el 6 de Febrero del 2016.

Resnick R. (1972). Basic concepts in early quantum theory. John Wiley & Sons, Inc. U.S.A.

Reyes, C. (2020). Ciberseguridad y nuevos espacios de poder: entre la carrera científica y la comunicación cuántica. Boletín del Departamento de Seguridad y Defensa; no. 36. Instituto de Relaciones Internacionales. Argentina.

Rodríguez E. (2010). Evolución de la computación cuántica y comparación con los modelos actuales de computación. Tesis de Grado. Universidad Santiago de Cali. Santiago de Cali, Colombia.

Russell, D. (2014). Superposition of Waves. [En línea] (http://www.acs.psu.edu/drussell/demos/superposition/superposition.html). Consultado el 30 de Diciembre del 2015.

Shor, P. (1994). Polynomial-Time Algorithms for Prime Factorization and Discrete Logarithms on a Quantum Computer. 35th Annual Symposium on Foundations of Computer Science, Santa Fe. U.S.A.

Sicard, A. & Velez, E. (1999). Algunos elementos introductorios acerca de la computación cuántica. Universidad EAFIT. Medellín. Colombia.

Swain, J. (2016). Humans beat computers at quantum mechanics. CERN Courier. England. [En línea] (http://cerncourier.com/cws/article/cern/65022). Consultado el 3 de junio del 2016.

Terán, D. (2012). Introducción a la computación cuántica para ingenieros. Alfaomega Grupo Editor S. A. México D.F., México.

Toma, H. (2009). O Mundo Manométrico: A dimensão do novo século. oficina de textos. São Paulo. Brasil.

Turing, A. (1950). Computing machinery and intelligence. Mind # 59, p. 433-460. England.

UNAL. (2010). Agencia de Noticias UN, No 662: Fortalecen red de expertos en computación cuántica. Bogotá D.C. Colombia.

Urbina, C. (2016). Lenguajes de programación. [En línea] (http://ceciliaurbina.blogspot.com.co/2010/11/calculo-lambda.html). Consultado el 28 de Mayo del 2016.

USC. Maestría en Informática. (2015) [En línea] (http://posgrados.usc.edu.co/index.php/maestrias/maestria-en-informatica). Consultado el 20 de Julio del 2015.

USRA. (2016). Quantum Computing - RFP. Universities Space Research Association, U.S.A. [En línea] (http://www.usra.edu/quantum/rfp/). Consultado el 2 de Junio del 2016.

Vélez, M. (2009). Computación Cuántica Topológica: Fases Topológicas. Días de la Ciencia Aplicada. Ingeniería Física. Universidad EAFIT. Medellín. Colombia.

Vélez, M. & Sicard, A. (2009). Sobre algunos modelos de implementación para la computación cuántica. Grupo de Lógica y Computación. Escuela de Ciencias. Universidad EAFIT. Medellín. Colombia.

Vélez, M., Sicard, A. & Curty, M. (2012). Modelos de Computación Cuántica Discreta. Grupo de Lógica y Computación. Escuela de Ciencias. Universidad EAFIT. Medellín. Colombia.

Wikipedia (2015). Wikipedia en línea. [En línea] (https://es.wikipedia.org) Consultado el 5 de Agosto del 2015. Consultado el 10 de Agosto del 2015

Williams, C. & Clearwater, S. (1998). Explorations in Quantum Computing . Springer-Verlag. New York. U.S.A.

Young, H & Freedman, R. (2008). University Physics with Modern Physics 12th ed. Addison-Wesley. Pearson Education, Inc. California. U.S.A.

Andres Cuéllar García: Colombiano. Estudiante Doctorado en Educacíon énfasis en Ciencias, Universidad del Valle. Magister en Informática de la Universidad Santiago de Cali y Licenciado en Matemáticas y Física de la Universidad del Valle. Miembro de la Sociedad Colombiana de Física. Docente de Física SEM, Universidad ICESI.

I want morebooks!

Buy your books fast and straightforward online - at one of world's fastest growing online book stores! Environmentally sound due to Print-on-Demand technologies.

Buy your books online at
www.morebooks.shop

¡Compre sus libros rápido y directo en internet, en una de las librerías en línea con mayor crecimiento en el mundo! Producción que protege el medio ambiente a través de las tecnologías de impresión bajo demanda.

Compre sus libros online en
www.morebooks.shop